跨境财税一本通

邓　韬　汤建华◎著

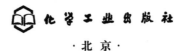

·北京·

内 容 简 介

近年来，跨境电商迅猛发展，不仅快速带动了消费升级，也为众多跨境电商创业者、投资者带来了巨大红利。然而，跨境电商业务涉及国际交易与汇算，财税问题一直是跨境卖家的难点。

为了更好地帮助企业理解和应对跨境电商中的财税挑战，《跨境财税一本通》从两个方面介绍了最贴合实际的跨境财税实务方案。上篇"立本"篇介绍了跨境电商企业的财务管理基础知识，包括资金管理、账务核算和税务管理等内容；下篇"跃迁"篇介绍了财务报表及分析、全面预算管理、企业内部控制、财务团队管理等内容。本书侧重于通过运用财务管理工具和方法，提升企业经营管理水平。

图书在版编目（CIP）数据

跨境财税一本通 / 邓韬，汤建华著. -- 北京 ：化学工业出版社，2024. 9. -- ISBN 978-7-122-45857-5

Ⅰ. F713.36

中国国家版本馆 CIP 数据核字第 202429NH37 号

责任编辑：刘 丹　　　　　　　　装帧设计：仙境设计
责任校对：赵懿桐

出版发行：化学工业出版社 (北京市东城区青年湖南街 13 号　邮政编码 100011)
印　　装：三河市双峰印刷装订有限公司
710mm×1000mm　1/16　印张 14¾　字数 250 千字　2024 年 10 月北京第 1 版第 1 次印刷

购书咨询：010-64518888　　　　　　售后服务：010-64518899
网　　址：http://www.cip.com.cn

定　　价：108.00 元　　　　　　　　　　　版权所有 违者必究

前言

在全球化浪潮的推动下，跨境电商已经成为连接世界各地市场的重要桥梁。最近几年，跨境电商更是成为我国经济增长的一大亮点。随着互联网技术的飞速发展和国际贸易环境的日益开放，越来越多的企业和个人开始投身于这一领域，希望通过电子商务平台拓展国际市场，实现商业价值的最大化。

然而，跨境电商涉及国际交易与汇算，其财税问题是一个复杂且关键的环节。它不仅涉及不同国家和地区的税收法规、会计准则，还涉及跨境支付、外汇管理、跨境物流、关税政策等多方面的挑战。这些问题不仅影响着企业的合规性，更直接关系到成本控制和利润水平。

本书可作为跨境电商从业者的一份详尽的跨境财税知识手册。我们将从基础财税知识出发，深入剖析跨境电商中的财税问题，包括但不限于跨境电商行业的会计核算方式、资金管理、预算管理、团队管理以及跨境电商行业常见的合规模式和主要内控问题。此外，本书还将分享如何通过财务分析来优化经营策略。我们希望这本书能帮助读者更好地理解和应对跨境电商中的财税挑战，从而在国际市场中稳健前行。

本书分为两大部分："立本"篇与"跃迁"篇。在"立本"篇中，我们将聚焦跨境电商企业的财务管理基础知识，包括资金管理、账务核算和税务管理等，旨在帮助读者打好基础，稳固财务根基。而在"跃迁"篇中，我们将深入探讨如何通过报表分析、全面预算管理、企业内部控制和财务团队管理等方法提升企业经营管理水平，实现质的飞跃。

在撰写本书的过程中，我们广泛收集了跨境电商从业者的财税困惑，并结合了我们团队——深圳市鲸税财税管理有限公司丰富的咨询和实践经验，以及多位财税领域专家和跨境电商"大卖"们的宝贵建议。本书力求为读者提供最实用、最精准的建议。同时，书中还穿插了丰富的案例分析，希望帮助读者更好地理解理论知识在实际操作中的应用。

我们深知跨境电商财税问题的复杂性和重要性。因此，我们期望本书能为大家在跨境电商财税领域提供有力的支持，帮助大家解决实际问题，改善企业经营状况。

最后，我要衷心感谢在本书编写过程中提供过帮助的所有人。我也期待收到读者宝贵的意见和建议，让我们共同推动跨境电商财税知识的发展和完善！

祝愿每位读者都能从本书中获得宝贵的知识和启示，也祝愿跨境电商行业的从业者们，祝愿你们的跨境电商之路行稳致远！

邓韬

目录

¥ **上篇｜立本**

▶ 下篇 ｜ 跃迁

上篇 立本

第一章　管好钱：资金管理

在资金管理上，很多跨境卖家都踩过"坑"。

2021 年，全国各地出现了一轮"断卡"❶潮，跨境电商行业部分卖家也受此影响，时不时就传出某个卖家的银行卡被冻结的消息。

为什么跨境电商行业会受"断卡"潮影响呢？这主要是因为跨境电商行业的财务管理不规范，部分卖家的资金流转路径与电信网络违法犯罪活动的资金流转路径很相似，导致部分跨境卖家被误伤。资金管理也成了跨境卖家财务管理的重点。这也是跨境电商行业与其他传统行业的一个区别。相对于其他传统行业，跨境电商行业属于轻资产行业。对于跨境卖家来说，资金是公司最重要的资产之一。对此，我们先来看看国内几家上市"大卖"❷ 2022 年年末资金情况（表 1-1）。

表 1-1　几家上市"大卖"2022 年年末资金情况

单位：万元

项目	安克创新	赛维时代	华凯易佰	致欧科技
库存现金	0.00	2.69	3.35	0.88
银行存款	84 415.04	68 592.36	72 506.23	86 814.27
其他货币资金	10 140.20	3 714.31	12 273.00	17 107.45
合计	94 555.24	72 309.36	84 782.58	103 922.60

注：暂不考虑按照会计准则归入交易性金融资产的流动性较高的理财产品。

通过表 1-1 我们不难看出，跨境电商行业的现金流好，资金体量大，"大卖"们普遍账面资金余额丰厚。资金对于跨境卖家而言意义重大。

---

❶ "断卡"主要指断卡行动。断卡行动是为了打击治理电信网络新型违法犯罪，依法清理整治涉诈电话卡、物联网卡、银行卡以及关联互联网账号的行动。"断卡"就是斩断犯罪分子的信息流和资金流。

❷ "大卖"是巨量铺货的跨境电商大型卖家。2020 年，亚马逊顶级"大卖"（Top Seller）中，中国大型卖家占比高达 49%。

对于资金的重要性，从市场上留存的跨境卖家的变化也能得到印证。最近几年，跨境电商行业的后起之秀不断缔造"佳绩"，但部分老卖家悄悄退出，而导致很多老卖家退出的众多经营风险，最终都体现为企业现金流断裂。

因此，如何进行有效的资金管理，已经成为跨境卖家的必修课。

第一节　什么是资金管理？

资金管理，从本质上来说就是指企业对自有资金进行有效的利用并实现保值增值的活动。企业想要有效进行资金管理，首先要弄懂跨境电商企业的资金是怎么运作的，并且能够核算出资金运营周期。

一、了解资金运营周期

资金运营周期是衡量公司资金周转效率的指标。它指在一个运营周期内，资金从生产采购到形成存货再到销售回款的整个资金流转过程，具体可以用营运资金周转天数来量化：营运资金周转天数越低，代表企业赚钱的速度越快，企业的造血能力也就越强。

跨境电商行业资金运营周期又是怎样的呢？为了更好地帮助大家理解，我们结合跨境电商行业运营背景对跨境电商行业资金循环过程进行逐步拆解，以亚马逊（Amazon）为例，如图1-1所示。

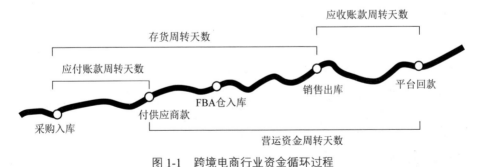

图 1-1　跨境电商行业资金循环过程

对于亚马逊卖家来说，其业务运营周期一般包括采购入库、FBA 仓入库[1]

---

[1]　FBA 仓入库是指卖家将产品发货到亚马逊仓库，由亚马逊进行储存、包装、配送和售后服务的全程流程。

及销售出库等环节，对应的资金周转包含付供应商款、平台回款这两大过程。

从采购入库时点到付供应商款这段时间差是供应商应付账款账期导致的，对应地形成了应付账款周转天数，应付账款周转天数可以简单理解为公司占用供应商资金的周期。

从销售出库时点到收到平台回款这段时间差是平台的应收账款账期导致的，对应地形成了应收账款周转天数，应收账款周转天数可以简单理解为客户占用公司资金的周期。

从存货入库到跨境物流周转再到销售出库，这中间的流转形成了存货周转天数，存货周转天数可以简单理解为存货占用公司资金的周期。

所以，跨境电商行业营运资金周转天数可以简化为：

营运资金周转天数＝应收账款周转天数＋存货周转天数－应付账款周转天数

各指标的具体计算公式参考如下。

应收账款周转天数＝365天÷（年销售收入÷平均应收账款）

存货周转天数＝365天÷（年销售成本÷平均存货）

应付账款周转天数＝365天÷（年销售成本÷平均应付账款）

从上述公式我们可以看出，应收账款周转天数和存货周转天数越低越好，而应付账款周转天数则越高越好。

在了解了营运资金周转天数概念和算法后，那一般的跨境卖家营运资金周转天数在多少天合适呢？接下来，让我们观察一下几家上市"大卖"2022年度营运资金效率关键数据，如表1-2所示。

表1-2　几家上市"大卖"2022年度营运资金效率关键数据

项目	安克创新	赛维时代	华凯易佰	致欧科技
存货周转天数	73.00	172.70	77.56	84.03
应收账款周转天数	29.23	15.45	23.19	8.86
应付账款周转天数	31.07	46.15	52.20	31.37
营运资金周转天数	71.16	141.99	48.55	61.52

由表 1-2 中数据我们可以看出，华凯易佰的营运资金周期相对较短。一方面，其供应商账期相对较长，为 52.2 天，意味着占用供应商近两个月的账期；另一方面，其存货周转快，控制在 77.56 天，存货占用公司资金相对较少。整个运营周期，公司资金占用少，资金使用效率高。而赛维时代以服装品类为主，由于主要品类的差异，其存货周转天数较长，导致公司营运资金周转天数相对较高。

综上所述，只有充分了解营运资金周期，我们才能清楚资金在各个环节的占用情况，从而更好地做好资金管理，提高资金运营效率。

二、明白资金管理的目标

常言道：想做好一件事情，就要明白这件事情的预期目标，这样才能朝着目标有序前进。前面我们了解了跨境卖家资金管理的重要性和资金运营周期。除了这两点，我们还需要明白资金管理的目标是什么，资金管理有哪些目标。

在与一些跨境卖家交流时，我注意到大家对于资金管理的目标看法各异，比如保障资金安全、让"钱生钱"等。其中一个问题值得关注：怎样安全地把资金提现到个人账户？在多年项目咨询经验的基础上，我们总结出资金管理的目标三要素：资金安全性、资金收益率和资金流动性。

这三大目标在实际操作中常常相互矛盾，形成了所谓的"不可能三角"❶。也就是说，一般情况下，资金安全性、流动性和收益率难以同时实现。如果追求高收益，资金的安全性就可能会受到挑战，其流动性也可能受限制；而流动性较高的资金，其收益率可能相对较低。

在企业实际经营管理中，企业所处阶段及战略目标不一样，资金管理的目标侧重点也会有所不同。在保守的战略规划下，企业会牺牲一部分资金收益率，以保证资金的安全性及流动性；而在行业快速发展的阶段，企业则采取激进的战略，选择牺牲一部分安全性去追求更高的收益率。

资金管理的最终目标就是资金三要素之间的平衡。保障资金安全，预防资金风险是资金管理的前提条件。在保障资金安全、兼顾资金流动性的前提下，

---

❶ "不可能三角"（Impossible Trinity），也被称为"三元悖论"，是指经济社会和财政金融政策目标选择面临诸多困境，难以同时获得三个方面的目标。

追求资金效益最大化。良好的资金管理可以为卖家带来更多的收益，并逐步成为企业经营及管理系统的一环，最终沉淀成企业核心竞争力的一部分。

因此，现阶段，大部分中小卖家更关注资金的安全性和流动性，资金的收益率暂时不是企业的关注重点。因为目前，在存量资金富余的情况下，受制于风险敏感度高、理财专业知识缺乏以及传统理财产品和渠道的有限性，大部分中小卖家偏向于选择银行最基础的理财产品。而随着行业的竞争加剧，跨境电商产品的毛利率最终会回归到全行业的毛利率平均水平，相对应的跨境资金的收益率会越来越被卖家重视。同时，随着卖家企业内部财务专业能力逐步提升，后续卖家的资金管理需求会变得更加多样化。

第二节 资金账户管理

跨境电商有一个非常明显的特点，就是需要解决跨境收款和资金回流的问题。一般来说，卖家手上都有几十个资金账户。跨境电商的交易特性决定了跨境电商卖家涉及的资金账户众多，资金管理复杂度高。

在跨境电商业务开展的过程中，卖家在亚马逊、沃尔玛（Walmart）、速卖通等第三方电商平台及自营网站开设店铺时，大都需要绑定万里汇❶、派安盈❷等第三方资金账户，以满足平台收付款要求。

根据跨境电商平台结算规则，平台在收到消费者的款项后，存在一定的结算周期，当卖家满足提现条件后，可以将扣除平台费用及保证金后的款项提现至店铺绑定的第三方资金平台账户。

另外，还有少部分电商平台是在消费者付款后，货款直接转到店铺绑定的第三方资金平台账户，资金回流到第三方资金平台，卖家可以根据第三方资金平台的交易规则及日常业务需要进行提现和资金分发，从而实现跨境资金流转。

根据资金属性的不同，跨境电商行业的货币资金分为银行存款和其他货币

---

❶ 万里汇：英文名 WorldFirst，原是一家注册于英国的专业的第三方支付机构，2019 年加入蚂蚁集团。

❷ 派安盈：英文名 Payoneer，专业的第三方支付机构。

资金。银行存款涉及账户多，而其他货币资金主要为存放于第三方资金平台账户的款项、保证金、在途资金等。

总的来说，跨境卖家资金账户数量多、账户类型多样化，导致资金管理复杂度高。那么，如何解决这一难题呢？或许可以从以下几个维度进行资金管理。

一、建立资金账户备案制

对公司资金账户实行备案审批制。任何有关资金账户的变更事宜都需要事前审批备案，未经公司审批同意严禁任何人变更资金账户信息。

基于跨境电商行业业务的特点，跨境卖家会随着新平台或者新店铺的运营需要开通不同的收款账户。

第一，新开资金账户时，可以由需求部门发起申请，说明新开资金账户的理由、账户用途，报公司财务部门、总经理审批，待全部审批通过后方可新开资金账户，后续严格按照报备的开户用途使用。

第二，未经过审批同意的，严禁以任何名义私自新开资金账户。

第三，账户开立成功后，需要在财务部的资金账户登记表中登记备案。

跨境电商卖家可以参考如图 1-2 和表 1-3 所示的账户申请流程及表单。

图 1-2　新开账户申请流程

表 1-3　资金账户申请表表样

申请时间：					
申请人			申请部门		
业务类型	□ 新设		□ 变更		□ 注销
账户类型	□ 银行账户	□汇丰　□建行 □中行　□其他___	账户名称		资金账号
	□ 第三方资金平台账户	□万里汇　□派安盈 □连连　　□其他___	账户名称		资金账号
申请事由					

续表

部门审核		
	签字：	日期：
财务部审核		
	签字：	日期：
总经理审核		
	签字：	日期：

任何有关公司资金账户的变更信息，财务部资金专员都要在变更当天填写完整的资金账户变更信息，回传至公司财务部备案，防止存在表外资金账户或者公司资金账户随意变更，给公司带来巨大资金损失。

每个会计期末，财务部门要及时对各资金账户进行盘点、核对与清理，长期不再使用的资金账户要申请办理销户手续。同时，在资金账户销户之前必须核对清楚资金余额，集齐所有资金相关的单据留档保存。

二、明确各资金账户用途

很多卖家日常对外支付时，选用资金账户的标准是：哪个账户有钱，就用哪个账户支付。实际上，这样会造成很大的管理难度。因此，卖家要做的是，明确各个资金账户的用途，保持各个账户相互独立，设置风险隔离。这样做的好处在于：一方面，可以避免资金操作过于随意，便于资金归集和调配，提高资金管理和使用效率；另一方面，有助于后续进行公司现金流分析。

根据资金账户用途，我们可将资金账户分为：公司账户、个人账户；银行账户、第三方资金平台账户；涉税账户、非税账户；收款账户、付款账户、资金归集账户等。各类账户相互独立，进行风险隔离，不得混用。

基于跨境行业特点与自身业务体量，很多跨境卖家在没有进行财税合规之前，会收到从境外直接结汇的款项。这种资金操作潜在风险巨大，而且随着卖家业务量的增加，这种方式只会越来越行不通。

回顾 2021 年"断卡"潮的背景，当时很多卖家因为有换汇及 B 端业务资金回流的需求，部分资金采用了直接从境外回流的方式。但正是在这一环节出了问题：有部分回款账户涉及电信诈骗高发区域所属的账户，在收到这些区域的款项后，卖家相关的收款账户就直接被冻结了。这些被冻结的账户里还留存大量资金，而被冻结账户无法使用，直接影响到了公司的正常运营。

因此，为避免这种极端情况，我们有必要保持公司的每个资金账户相互独立。每个账户相互独立后，一旦出现资金交易不可控的风险因素，也不至于牵连其他资金账户，很大程度上减少对公司正常业务经营的影响。

除此之外，卖家还可以根据业务特点，选择适合自己企业的财税合规方案，规避由于账户不合规而导致的资金风险。比如，针对部分与第三方签约了自动划扣功能的银行账户，公司可以进行专户专用管理，将其与其他日常收支业务账户相隔离，并实施额度限制，防止由于不可控的因素而误扣，给公司造成损失。

同时，在企业日常运营中，企业需要重点关注与税务系统、电信系统等签约了代扣协议的银行账户，因为这些外部机构可以在不通过公司审批流程的情况下直接划扣账户资金。另外，有些企业信息化程度比较高，实现了银企直联，这些相关联的资金账户也需要重点关注。

三、实施各资金账户额度管理

跨境卖家账户用途、合规程度、资金业务路径不一样，导致每个资金账户的风险程度也不一样。因此，我们需要对不同的账户进行风险等级评级，针对不同风险等级账户进行不同转账额度及余额额度管理。对于风险等级较高的账户，我们可以只将其作为资金收支通道，不留存较大金额；对于风险等级较低的账户，我们可以将其作为公司资金余额的沉淀账户。以下是几种常见的资金账户额度管理事项。

首先，针对对外收款账户，建议设置资金余额提醒。账户余额超过设定的额度，及时转至内部资金账户。很多第三方资金平台有保证金、最低提现额度的限制，负责资金管理的职员可以每天关注第三方资金平台的余额情况，对满足资金平台提现要求的账户进行提现。

其次，针对与第三方签约了自动划扣功能的银行账户，可以设置最高留存金额（如设置1万元的限额），从流程上控制此类账户，确保账户不会留存太多余额，从而降低资金风险。

最后，日常业务尽量通过对公资金账户进行收付，如果确实有现金需求，取现金额控制在 5 万元 / 日以内，超过 5 万元 / 日则需要向银行提前预约申请。

四、针对第三方资金平台实施专项管理

与其他传统行业不同的是，跨境电商卖家在 Amazon、Walmart、速卖通、eBay 等第三方电商平台及自营网站开设店铺，都需要通过跨境第三方资金平台来满足平台收付款要求。因此，卖家需要对第三方资金账户进行专项管理。具体管理方式如下。

（一）明确资金通道、资金钱包功能

从资金的安全性和系统平台的稳定性而言，传统银行比第三方资金平台更具有优势，鉴于现阶段跨境交易的需要，卖家不得不使用第三方资金平台来收款。所以，建议卖家明确第三方资金平台的定位，可以将其定位为优秀的资金收支通道，而不是最佳的资金留存钱包。

（二）选择具有跨境支付资质的第三方资金平台

根据《中华人民共和国外汇管理条例》《支付机构外汇业务管理办法》等现行法律法规，除银行等金融机构外，符合相关条件的支付机构，在取得支付业务许可证并办理贸易外汇收支企业名录登记后，方可开展外汇业务。

同时，支付机构在为市场交易主体提供外汇服务时，应遵循了解客户、了解业务及尽职审查的原则，在登记的业务范围内开展经营活动，并对交易的真实性进行审核。

目前，跨境电商业务发展迅速，我们结合交易手续费、账户安全性、交易时效性、结换汇政策等进行综合评估考量，整理了几个常见的第三方资金平台基本情况，如表 1-4 所示，供大家参考。

（三）建立第三方资金平台的权限管理

第三方资金平台的权限管理主要包括两个方面。

1. 登录账户权限管理

设置仅财务部资金专员、财务负责人等授权人员才具有登录和操作资金账

户的权限，其他人员均无资金账户的操作权限。

表1-4 常见第三方资金平台基本情况

资金平台	万里汇	PingPong[1]	连连支付[2]
支付牌照	持有中国内地、中国香港、新加坡、美国等多地区牌照	持有中国内地、中国香港、北美、欧洲等多地区牌照	持有中国内地、中国香港、美国、泰国等多地区牌照
支持币种	美元、欧元、英镑等主流货币和人民币	美元、欧元、英镑等主流货币和人民币	美元、欧元、英镑等主流货币
起提金额	1. 提款/转账币种为人民币，最低限额为1个货币单位的金额，如1美元、1欧元、1英镑等。 2. 提款/转账币种为外币，最低限额为50美元/50美元等值币种	1. 若提现到人民币账户，无最低起提金额。 2. 外币有单次最高和最低起提金额，如美元最低起提金额为5 000美元。单次最高起提金额如下： ① 企业用户单次最高提现金额为20 000 000美元； ② 个人用户单次最高提现金额为10 000 000美元	1. 提现至中国境内人民币账户，单笔最高限额为1 000万元。 2. 另提现至企业对公账户的有自然年限额： ① 已在外管局登记，且为A类企业[3]，自然年提现不受限制；已在外管局登记，且为B、C类企业，不支持连连提现。 ② 未在外管局登记，提现至企业对公账户，按自然年不可超过20万美元（约132万元人民币）；若自然年内提现超20万美元，则需要企业自行至外管局进行名录登记
官方费率[4]	0.3%封顶，最低为0；提款越多，费率越低；无账号管理费和年费	1%封顶；无账号管理费和年费	与电商平台有关，亚马逊0.7%封顶，eBay为0.5%；无账号管理费和年费
提款类型及场景	公司/个人银行账户及支付宝	公司/个人银行账户	公司/个人银行账户
	1. 中国境内个人用户支持提款至同名个人银行卡、个人支付宝。	1. 中国境内个人用户支持提现至本人境内人民币储蓄卡内。	1. 中国境内个人用户支持提现至本人境内储蓄卡内。

续表

资金平台	万里汇	PingPong	连连支付
提款类型及场景	2. 中国境内企业支持提款至企业对公银行卡、企业支付宝、企业法人个人银行卡、企业法人个人支付宝。 3. 中国香港个人用户支持提款至同名个人银行卡。 4. 中国香港企业用户支持提款至企业对公银行卡、企业董事个人银行卡。还可支付给供应商，支持 1688 跨境宝采购，中国境内账户可用于发放员工工资	2. 中国境内企业支持提现至企业对公账户，也支持提现人民币至法人、持股比例超过 25% 的个人股东的中国境内对私账户。 3. 中国香港个人用户支持提现至本人中国香港账户。 4. 中国香港企业用户支持提现至中国香港对公账户或对公离岸账户。 供应商付款一般是付款外币至供应商对公账户	2. 中国境内企业用户支持提现至中国境内对公账户及法人境内个人储蓄账户。 3. 中国香港个人用户支持提现至中国香港对私账户或境内开户的对私离岸账户。 4. 中国香港企业用户支持提现至中国香港对公账户或境内开户的对公离岸账户。 可用于支付供应商款项
提现时效	1. 提现至支付宝，实时到账，不受节假日影响。 2. 提现至国内银行卡，工作日当天（人民币）或者次日（外币）到账，节假日提现顺延到下个工作日处理	受节假日影响 1. 提现到人民币个人账户：工作日 18:00 以前发起的提现申请可当天到账。 2. 提现到对公人民币账户：提现发起后 1～3 个工作日到账。 3. 提现到外币账户：一般 1～3 个工作日到账，工作日 16:00 以前发起的提现申请当天可进行打款；工作日 16:00 以后发起的提现申请下个工作日安排打款	受节假日影响 1. 人民币提现 ① 快速提现：2 小时内到账； ② 普通提现：工作日 10:00 前发起当天到账，工作日 17:00 之后及非工作日发起为第二个工作日到账。 2. 外币提现 ① 优享提现：工作日 10:00～17:00 提现，一个工作日到账； ② 普通提现：工作日 17:00～次日 10:00，非工作日期间发起，预计 2 个工作日内到账
电商平台入账时效	与电商平台有关，电商平台打款后，3～5 个工作日汇入收款平台（节假日顺延）		

资金平台	万里汇	PingPong	连连支付
人民币结汇汇率	参考的是中国银行的现汇买入价	工作日 9:40～17:00，参考中国银行实时现汇买入价	1.优享提现：工作日 10:00～17:00 发起的优享提现方式，可选择锁定中国银行或者招商银行的实时现汇买入价或者今日牌价提现。 2.快速提现：非工作日及工作日 17:00 以后发起的快速提现方式，由连连的合作银行提供汇率。 3.普通提现：普通提现汇率为实际结汇操作时的汇率，节假日期间可选择锁定汇率
平台互转	目前暂不支持转款至其他第三方资金账户		

注：1. PingPong：杭州乒乓智能技术有限公司，专业的第三方支付机构。

2. 连连支付：连连银通电子支付有限公司（简称连连支付），成立于 2003 年，专业的第三方支付机构。

3. A 类企业：外管局根据对企业的核查结果，结合企业遵守外汇管理规定的情况，将贸易外汇收支企业名录内企业分成 A、B、C 三类。

4. 最新的收费标准以各官方最新答复为准。

2. 账户提现权限管理

电商平台账号绑定的收款账户由财务部而非业务或者运营部门决定，以防止平台账号资金被提现至非公司控制的收款账户。

（四）制定《第三方资金账户资金管理制度》

通过制定《第三方资金账户资金管理制度》，对第三方资金账户的注册管理、提现（将资金从第三方资金账户划转至银行账户）管理、提现标准进行明确的约定。财务部定期核对提现记录，并将第三方资金账户纳入"其他货币资金"科目进行统一核算管理。《第三方资金账户资金管理制度》的主要内容应包括以下几个方面。

1. 新设立第三方资金账户实行审批备案制

第三方资金账户经审核批准后方可注册和使用，关键控制节点可参考以下内容。

节点 1：运营部门提出新增第三方资金账户申请。

节点 2：运营总监、风控总监、财务负责人审批。

节点 3：资金专员注册第三方资金账户。

节点 4：资金专员将第三方资金账户绑定到对应的店铺，并且将第三方资金账户信息维护到财务系统。绑定流程如下。

登录店铺后台→选择收款账户的类型→选择注册收款账户或登录已有的收款账户→完成绑定

节点 5：完成第三方资金账户权限管理。财务部授权相关人员登录和操作第三方资金账户，其他人员均无权限。

2. 建立第三方资金平台对账机制

对企业来说，第三方资金平台对账机制主要分为以下几种形式。

（1）电商平台与第三方资金平台对账。现有的跨境电商平台打款后，第三方资金平台并不能马上收到款项，一般会延迟 3 ～ 5 个工作日（具体情况与电商平台的机制有关），这就导致卖家在从电商平台店铺提现时，不能马上核实第三方资金平台上的资金是否到账。因此，财务部需及时核对电商平台店铺转出金额与第三方资金平台收款金额是否一致，通过核对，财务部也能及时控制卖家的提现账号被恶意篡改的风险。

根据卖家精细化管理需求，财务部定期将电商平台店铺订单 / 提现账单与第三方资金账户收款记录进行核对，待核对无误后，资金专员登记第三方资金账户收支日记账。

（2）第三方资金平台与银行对账。前文介绍了现阶段市场上主流的几个跨境第三方资金平台。在卖家将资金从第三方资金平台提现至银行账户时，资金到账普遍存在时间差。这也要求卖家须持续跟进第三方资金平台提现资金的到账情况。

例如，资金专员每天登录银行账户，查看银行账户余额及交易明细，并与第三方资金平台的提现金额核对。针对已经从第三方资金平台划扣但未到企业银行账户的在途资金，资金专员需要做专项跟进，其中存在跨月的，财务部还需要在月末编制银行存款余额调节表。

每月月初，资金专员将上月第三方资金账户收支日记账、第三方资金账户的流水账单提交给财务主管复核，经复核后提交至往来会计，往来会计根据第三方资金账户的流水账单填制记账凭证。

（3）第三方资金账户余额管理及提现。一方面，资金专员需每天登录第三方资金平台查看余额，结合企业资金管理需求，当余额符合提现条件时，及时进行提现，并登记第三方资金账户收支日记账；另一方面，企业可设置第三方资金账户资金余额额度管理，当第三方资金账户留存金额超过设置预警线时及时进行提现处理。

第三节　资金日常交易风险控制

在跨境圈，大家时不时会听到某卖家银行卡被冻结的消息，这主要是对应的卖家日常资金交易行为不规范、缺乏风险管理意识导致的。资金日常交易风险控制也就成了卖家资金管理的重要一环。卖家可以从保持"收支两条线"、规划资金流路径、保持良好的交易习惯三个方面来进行资金管理的日常交易风险控制。

一、保持"收支两条线"

跨境交易涉及收取境外交易的款项，不同的交易场景中业务复杂性不一样，部分交易款项的支付通道、回流路径和付款账户存在一定的风险，容易导致企业的收款账户产生连带风险，特别是发生于敏感和高风险国家和地区的交易。

资金"收支两条线"是通过规范企业的资金流向和资金流程来达到资金管控目标的一种资金管理模式。"收"这条线，即利用收款流记录公司资金的来源情况，包括但不限于销售回款、投资款；而"支"这条线，则利用付款流记录公司资金的支出情况，包括但不限于采购成本、头程物流、人员薪酬、日常办公支出。

资金"收支两条线"也是企业内部控制体系的一部分，在收入环节上要求所有收入的资金都必须进入收款账户，防止私设账外资金。通过对资金的集中管理，减少资金的持有成本，加速资金周转，提高资金的使用效率。

因此，企业需要分别设立收款账户、付款账户和资金安全池，收款与付款相互独立，以保持不同账户之间风险隔离。同时，通过定期对资金"收支两条线"的监控和分析，企业还能及时了解资金的运作状况、管理资金流动、预测未来的收支情况以及制定合理的财务策略。

二、规划资金流路径

一方面，跨境企业资金账户众多，账户用途多样化，但很多企业资金流路径缺乏规划，日常有付款需求时，很多卖家大多选择哪个账户有钱就从哪个账户支付；另一方面，很多卖家存在频繁的资金调拨情况，导致跨境企业资金管理成本和交易成本大大增加，整体资金收益率偏低。

此外，跨境行业还存在另外一种普遍现象，即很多跨境企业在合规之前存在对公资金不足的问题，导致个人股东与公司之间的往来款项频繁，增加了潜在的税务风险。

因此，企业不论是从自身合规角度考虑，还是从避免个人股东与公司之间频繁的大额往来考虑，都需要通过规划资金流路径，合理规划资金回流金额，避免潜在的税务和资金风险。

三、保持良好的交易习惯

大部分跨境企业发展得很快，但企业内部控制体系大多不健全，缺乏必要的风险意识，日常存在很多不规范的资金交易行为，比如频繁公对私的大额转账行为，短期高频向不同对象私对私的转账行为，出租、出借公司资金账户，帮助其他公司和个人进行过账行为。这些不规范的资金交易行为很容易引发不必要的风险，因此，企业在加强风险意识管理的同时，需要养成良好的资金交易习惯。

第四节　搭建资金管控体系

除了前文介绍的资金账户管理和资金日常交易风险控制，企业还可以通过搭建资金管控体系来完善资金管理。资金管控体系可以分为事前资金预算管理、事中资金审批权限管理和事后资金稽核管理三个部分。

一、事前资金预算管理

企业进行事前资金预算管理，是为了保证对每一笔业务都能做到心中有数。做好资金预算，可以优化企业资金配置，提高企业资金使用效率，改善经营效益，同时为企业经营战略实施落地提供资金数据支持，降低企业经营风险。

资金预算又常被称为现金预算，企业通过规划未来一个营运周期内的现金流入和现金流出情况来编制资金预算，可以较为精确地计算出企业未来资金结存情况，从而制订更合理的资金计划。

也就是说，通过资金预算预测未来资金结余情况。如果未来资金存在富余，企业便据此制订合适的投资理财计划，来提高公司整体资金收益率；如果预测结果显示未来资金可能产生缺口，企业就可以提前制订筹资方案，选择综合成本最低的筹资方式，来降低公司的经营风险。

每个会计期末，财务部门可以通过实际资金使用情况与资金预算的差异分析，强化资金管控，优化资金配置。

按照企业的经营周期，跨境卖家可以按年来编制资金预算，也可以按季度、按月或周来编制资金预算。预算周期的长度应该至少包含企业一个完整的营运周期。年度资金预算编制完成后，企业可以定期（按周或按月）进行资金滚动预算。

我们根据跨境电商行业业务特点制定了一套通用的资金预算模板，如表 1-5 所示。大家可以根据企业实际情况及管理需求，做一定调整。

表 1-5 跨境电商行业企业资金预算模板

单位：万元

项目		1月	2月	3月	4月	5月	6月	7月	8月	9月	10月	11月	12月
期初现金余额													
期初调整 （上月预测与结果的差异）													
经营活动现金流	应收平台回款												
	其他收款												
	经营活动现金流入小计												
	现货采购支出												
	供应商应付账款												
	头程运费												
	站外推广费用												
	人力成本												
	房租物业水电费												
	办公费用												
	第三方服务费												
	其他												
	经营活动现金流出小计												
	经营活动净现金流												

项目		1月	2月	3月	4月	5月	6月	7月	8月	9月	10月	11月	12月
非经营活动现金流	理财赎回												
	股东借款												
	其他收款												
	非经营活动现金流入小计												
	购买理财												
	购买固定资产												
	其他投资（如股权、债权等）												
	其他付款												
	非经营活动现金流出小计												
	非经营活动净现金流												
期末汇兑损失													
期末净现金余额													
维持运营最低的现金额													
资金结余（负数为资金缺口）													

二、事中资金审批权限管理

设置事中资金审批权限管控，可以保障企业每一笔收支都有理可依。

企业在日常经营中应当加强对资金的流程管控，一方面能够保障资金安全，另一方面可以保障资金预算执行的有效性。日常的资金管理需遵循以下原则。

（一）不相容的岗位相分离

企业资金岗位的设置应该实行不相容的岗位相分离原则。资金不相容岗位至少应当包括以下几个方面：

①付款的不做账，做账的不付款；

②资金制单岗位和审核岗位相分离；

③资金的保管、记录与盘点清查不能同时由一人兼任；

④资金的会计记录与审计监督不能同时由一人兼任；

⑤出纳人员不能兼任收入、支出、费用、债权债务账目的登记工作；

⑥企业办理货币资金业务，应当配备合格的人员，并根据公司具体情况进行岗位轮换。

（二）明确资金审批权限

企业通过梳理业务事项，明确各岗位资金审批权限，建立有关资金支出和支付的审批流程。企业资金审批权限，可以分为资金支出权限和资金支付权限。

资金支出权限，可以理解为评估这笔钱该不该花。企业资金支出审批应当遵循"预算内的简批，预算外的特批"，对于预算内的资金支出，按照正常授权审批程序执行；对于预算外的资金支出，应执行额外的审批流程，进行严格控制。

财务部门在资金支出审批环节应坚持原则。对于无合同、无凭证、无手续的项目支出申请，不予批准；对于预算之外的支出申请，应坚持走预算外的审批程序。资金审批业务流程如图1-3所示。

资金支付权限是指在资金支出申请通过后财务部门对外支付过程中的权限管理，可以理解为评估这笔款项付款程序有没有异常。企业资金的支付审批权限，要求企业设立分级审核机制，同时要求制单人员严格按单作业。

三、事后资金稽核管理

开展事后资金稽核管理，能够保障企业的每一笔流水都有章可循。

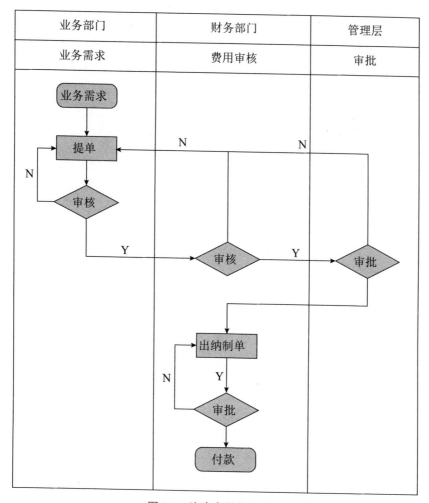

图 1-3　资金审批业务流程

　　我们曾经遇到过一个线下案例。某跨境卖家的内部运营人员将公司的收款账号变更为其个人账号，几天之后，再将收款账号改回成公司账号，该内部运营人员就这样频繁操作了一段时间，几个月后，公司才发现收款数据异常。

　　从这个案例我们可以看出，该公司内控可能出现了重大问题，公司内部没有稽核管理，就会导致公司无法及时发现异常情况，最终给公司造成巨大损失。

　　跨境电商企业在跨境电商平台开设店铺，需要绑定第三方资金平台的资金账户，而绑定的账户通常由店铺运营人员进行操作管理，人为操作存在很多不可控的因素。因此，为了防止贪污、盗窃、挪用公款等不法行为的发生，及时发现资金异常情况以确保资金安全，企业需要加强对其账户管理及资金岗位的监督，建立资金的稽核管理，通过稽核检查企业内控流程的有效性和完备性。

（一）资金稽核管理原则

事后资金稽核管理实行"日清月结"制度，即出纳在办理具体资金支付业务时，必须做到按日清理，按月结账。对此，企业可以采用日盘点、周稽核、月对账相结合的资金盘点方式。

也就是说，在坚持"日清月结"制度的基础上，出纳每日对各账户资金进行清查，登记资金日记账和编制资金日报，每月编制资金余额调节表；财务主管每天对资金日报进行审核，并定期对各银行账户进行清查盘点，不定期对各银行账户进行抽查。同时，财务部每月还需对资金余额进行账实核对，检查账款是否相符、有无私借公款、有无挪用公款、有无账外资金等违纪违法行为。

需要注意的是，除了常规的账账、账实核对，由于跨境电商行业的特殊性，财务部还需要核对第三方资金平台的款项与电商平台提现款、银行收到的款项与第三方资金平台提现的款项。

（二）搭建资金报表体系

为了及时了解公司货币资金的状况以辅助经营决策，企业应当搭建完整的资金报表体系。资金报表体系包括资金日报、月报以及资金预算表等。常见的资金日报如表 1-6 所示。

资金日报表记录了本日和上日的资金余额，反映了不同属性的资金结存情况，即第三方资金账户和银行账户资金的结存情况，同时兼顾反映当日资金的主要来源和去向。

表 1-6 资金日报表

日期：××××/×/×		单位：万元	
本日余额			
上日余额			
账户明细：		本日资金流量：	
银行账户合计：		**资金流入：**	
招行		店铺回款	
建行		其他	
……		……	
第三方资金账户合计：		**资金流出：**	
万里汇		供应商货款	
payoneer		物流费用	
其他		人工费用	
		其他	

　　除上述资金报表以外，资金报表体系还包括资金预算执行后的资金预测差异分析表，如表 1-7 所示。财务部可以通过及时监控预算的执行情况，编制资金预测差异分析表，并及时向预算执行部门和企业预算委员会提供资金预算的执行进度、执行差异及其对企业预算目标的影响等财务信息，促进企业完成预算目标。

表 1-7　资金预测差异分析表

单位：万元

项目		1月			2月			3月			4月			5月			6月			7月			8月			9月			10月			11月			12月		
		预测	实际	差异	预测	实际	差异	预测	实际	差异	预测	实际	差异	预测	实际	差异	预测	实际	差异	预测	实际	差异	预测	实际	差异	预测	实际	差异	预测	实际	差异	预测	实际	差异	预测	实际	差异
期初现金余额																																					
经营活动现金流入	应收平台收回款																																				
	其他收款																																				
	经营活动现金流入小计																																				
经营活动现金流出	现货采购支出																																				
	供应商应付账款																																				
	头程运费																																				
	站外推广费用																																				
	人力成本																																				
	房租物业电费																																				
	办公费用																																				
	服务费																																				
	其他																																				
	经营活动现金流出小计																																				

续表

项目	1月			2月			3月			4月			5月			6月			7月			8月			9月			10月			11月			12月		
	预测	实际	差异	预测	实际	差异	预测	实际	差异	预测	实际	差异	预测	实际	差异	预测	实际	差异	预测	实际	差异	预测	实际	差异	预测	实际	差异	预测	实际	差异	预测	实际	差异	预测	实际	差异
经营活动净现金流																																				
理财赎回																																				
股东借款																																				
其他收款																																				
非经营活动现金流入小计																																				
购买理财																																				
购买固定资产																																				
其他投资																																				
其他付款																																				
非经营活动现金流出小计																																				
非经营活动净现金流																																				
期末汇兑损失																																				
期末净现金余额																																				

第五节　外汇管理

与其他传统行业相比，跨境行业的另一大特点是会收到大量外汇。

然而外汇受多方因素综合影响，经常会发生波动，外汇的波动时常牵动着跨境卖家的心弦。现阶段，很多企业都是被动式结汇，缺乏必要的外汇基础知识、外汇套期保值或规避风险措施，最终外汇损益的不确定性对公司的整体经营结果影响重大。因此，接下来，我们将简单介绍一些基础的外汇知识。

一、外汇基础知识

绝大多数跨境卖家都没有经过"外汇"专业知识的培训，但"外汇"波动的影响对卖家的经营效益影响重大。因此，卖家需要补充一些"外汇"常识。对此，我们先来看看几组基础的外汇词组概念。

（一）离岸价 vs 在岸价

离岸价是指人民币离岸市场的交易价格，目前主要的人民币离岸市场在中国香港。

在岸价指在境内经营的人民币业务的交易价格。银行间即期外汇市场和银行柜台交易汇率的主要参考为在岸价。针对传统跨境贸易，在跨境业务发生后，大部分资金是先以外汇的形式回流到境内，然后在境内银行将外汇结汇成人民币，这个结汇汇率一般是在在岸价基础上叠加一定的交易成本。

在同一时间点，离岸价和在岸价会有差异，波动大的时候两者可能相差几十个 BP❶，这就是汇率的差价。差价主要是境内外汇交易受限以及交易成本导致的。在外部市场环境剧烈波动的情况下，离岸价和在岸价的差异会拉大。如果企业能够合理利用结汇方式，那么，在这个过程中，企业可能有机会通过套利获得超额收益。

对于跨境卖家而言，资金结汇操作比较灵活，既可以在中国香港以离岸价的价格结汇，也可以先以美元的形式回流至境内，再在境内以在岸价的价格

---

❶　BP：BP 的全称是 Basis Point，指基点。BP 是金融工具市场利率和债券收益率的标准计量单位。一个 BP 等于一个百分点的百分之一，即万分之一。

结汇。具体用哪种方式结汇，企业可以根据结汇的综合收益来选择合适的结汇方式。

（二）人民币汇率中间价 vs 市场价

人民币汇率中间价指中国外汇交易中心根据中国人民银行授权，每日计算和发布"人民币—美元"等主要外汇币种汇率中间价，可简单理解为人民币汇率中间价是中国人民银行每天给"人民币—外汇"的基准汇率，为市场指导价。中国人民银行在每个工作日上午 9:15 公布当天人民币基准汇率。

"人民币—美元"汇率中间价的形成方式为：外汇交易中心于每日银行间外汇市场开盘前向外汇市场做市商❶询价。外汇市场做市商参考上日银行间外汇市场收盘汇率，结合考虑外汇供求情况以及国际主要货币汇率变化进行报价。外汇交易中心将全部做市商报价作为"人民币—美元"汇率中间价的计算样本，去掉最高和最低报价后，将剩余做市商报价加权平均，得到当日"人民币—美元"汇率中间价。

人民币汇率市场价是银行间外汇市场人民币外汇交易的即期价格。中间价更多的作用是作为参考，提供指导意义。当天的即期汇率一般是在以中间价为均值的基础上上下浮动 2%。

市场价又分为买入价（Bid Rate）和卖出价（Offer Rate），很多人容易混淆买入价和卖出价。其实，买入价和卖出价都是相对银行而言的，买入价是银行向客户买入外汇时所使用的汇率，卖出价是银行卖出外汇时所使用的汇率。我们平常结汇，相当于银行买入美元，所以参考的是买入价。

（三）即期汇率 vs 远期汇率

即期汇率是指当天即时交易的外汇汇率值。我们平常结汇时，如果没有锁定汇率，大部分是参考即期汇率和交易成本进行实时结汇。需要注意的是，人民币即期汇率是随时波动的，每天都会有不同的汇率价格。

远期汇率是指以未来某一预定日期为基准日，按预先约定的汇率进行人民

---

❶ 做市商：指提供双边持续报价或者双边回应报价等服务的机构。

币和外币交易的汇率值。在实际操作中，企业可以通过远期汇率合约锁定未来的外币收款或外币支付，从而规避汇率波动风险。同时，远期汇率为我们对未来汇率的波动（看涨、看跌）提供了一个参考方向。

二、影响汇率波动的因素

外汇汇率的波动虽然千变万化，但和其他商品一样，理论上都是由外汇和人民币资金的供需关系决定的。影响货币供需关系的因素诸多，包括国际收支、人民币汇率升贬值预期、人民币国际化、美联储政策、利率波动、外债付息、外商直接投资、市场预期等。当外汇市场投机力量使得汇率严重偏离正常水平时，中央银行往往会通过在外汇市场上买卖本国货币或者其他货币，以及通过实施相关货币政策来进行调整。

纵观历史，人民币汇率一直在波动，并有着自己的生命周期，因此不存在长期单边的看涨或者看跌。

2022 年，由于新冠疫情、俄乌战争、美联储政策大反转、美元潮汐回流、经济复苏低于预期等外部环境因素的催化，人民币汇率波动剧烈。

未来，随着全球经济的复苏、人民币资产重新估值、美联储政策的调整以及全球金融市场风险偏好等多重不确定性因素的加持，人民币短期仍会出现剧烈波动。

三、应对外汇波动风险措施

基于目前外汇市场波动性的增强，为有效防范汇率波动给企业经营业绩带来的不确定影响、提高外汇资金使用效率、增强企业财务稳健性，企业有必要采取适宜的措施来应对汇率波动的风险。

（一）加强对外汇政策的关注

企业需要安排财务人员兼顾收集汇率变动相关信息，密切关注汇率变动趋势，提升财务人员和业务人员汇率相关知识水平。同时，企业可以与外部金融机构保持密切联系，加强有关国际贸易及汇率政策方面的研究，实时关注国际市场环境变化，适时调整经营策略，进而更加专业化地制定贸易的结算方式，最大限度地避免汇兑损失。

（二）适时调整结汇窗口期

企业结汇应以合理规避汇率风险和企业资金规划为主要目的，根据汇率变动情况及资金支付需要，结合专业机构建议制定结汇规则，并严格执行。当然，不要将汇率波动操作作为理财工具，卖家的主要盈利来源也不是外汇汇兑收益。同时，切忌单边看涨或看跌汇率，而要根据汇率波动情况适时调整结汇窗口期，以降低汇率变动对企业的影响。

（三）研究并使用金融衍生工具

企业可以与大型金融机构保持长期密切合作，综合使用金融衍生工具，通过长、短期金融产品的综合使用，对未来一段时间之内的外汇汇兑损益进行锁定，以相对固定的成本方式，来对冲汇率波动对销售策略及定价的影响。

需要注意的是，卖家开展外汇套期保值业务不应以投机为目的，而应在正常经营的基础上，以具体经营业务为依托，有效降低或规避外汇市场风险，防范汇率大幅波动对企业生产经营造成的不良影响，控制经营风险。

企业在进行外汇套期保值业务的同时，需要制定《外汇套期保值业务管理制度》，完善相关内控制度，保障企业内部每月对外汇套期保值业务的实际操作情况、资金使用情况及盈亏情况进行稽核检查。同时，为控制交易违约风险，优先考虑与有关政府部门批准、具有相关业务经营资质的银行等金融机构开展外汇套期保值业务。

常见的外汇套期保值业务或产品主要有远期结售汇、外汇掉期、外汇期权及其他外汇衍生产品等。但很多传统的卖家接触这些套期保值的产品有限。因此，除上述常见的外汇套期保值产品以外，企业还可以通过一些远期外汇指数工具来观察人民币汇率未来走势，比如人民币远期汇率曲线、外汇掉期❶曲线

---

❶　外汇掉期：即 Foreign Exchange Swap，是指银行与客户协商签订掉期协议，分别约定即期外汇买卖汇率和起息日、远期外汇买卖汇率和起息日。客户按约定的即期汇率和交割日与银行进行人民币和外汇的转换，并按约定的远期汇率和交割日与银行进行反方向转换的业务。外汇掉期是国际外汇市场上常用的一种规避汇率风险的手段。

等。企业通过远期汇率预估汇率走势，合理安排结汇周期，能够较大程度达到套期保值、规避汇率波动风险的目的。

外汇掉期交易品种丰富，从1天期到1周、1月、1年的到期汇率都有，在中美利率相差不大的情况下，可以简单地将1年期外汇掉期合约的远期汇率等同于海外市场对人民币1年后汇率的预期。同时，通过持续观察这些指标的波动，可以将其作为未来人民币汇率涨跌的一个参考系，进而通过及时结汇来减小汇率波动对企业经营的影响。

第二章　做好账：账务核算

与其他行业相比，跨境电商行业整体财务管理水平低，企业对财务专业化的要求也低。很多年营收千万的卖家，公司可能连一个正式的财务人员都没有，这在其他行业是不可想象的，但是在跨境电商行业却是一个很普遍的现象。

那对于这部分卖家而言，该怎么了解公司的盈利情况呢？卖家主要通过两种方式来了解公司经营情况。

第一种：根据账面资金余额来判断公司盈利情况。

一些卖家直接将现金流的变化等同于经营结果，公司账面期末有增量资金，就认为公司这段时间是盈利的。其实，单纯从资金流来评判一家公司的盈利情况，并不能全面准确地反映公司的实际经营情况，甚至可能与公司的实际经营结果有较大的偏差。

为什么这么说？实际上，资金流的角度没有考虑公司的资产情况，比如供应商的应付账款以及存货情况。另外，在这种核算模式下，财务数据之间缺乏必要的稽核对账，一旦资金出现异常情况（如重复付款或者收款异常等），企业也难以及时发现。再者，从经营改善的角度来看，有限的资金数据也不能给经营决策提供有效的支持。

第二种：依靠现有 ERP 系统❶的数据报表来评估公司经营结果。

现阶段，大部分 ERP 软件都有财务报表模块，有简单的产品利润的核算，能够提供一些利润报表，这也是导致很多中小卖家没有财务账务核算的直接原因。

在我国，现有 ERP 系统财务模块更多是偏业务端的数据统计和业务报表，只是反映了业务端的部分经营结果，非业务端的经营数据并不体现（如常见的中后台的费用、人工成本、非经营性收益等），这导致公司不能出具完整的经

---

❶　ERP 系统：ERP 的全称是 Enterprise Resource Planning，ERP 系统是一种集成的软件系统，旨在帮助企业管理其资源。

营报表。

同时，大部分 ERP 系统的利润报表还是参考电商平台结算单的逻辑进行产品利润计算，缺乏对公司经营风险的评估，尤其是缺乏对存货的呆滞及跌价风险的评估，这就很容易导致产品利润表数据比运营实际结果高。对于卖家来说，这部分风险虽然会后置，但是真实存在的，会直接影响卖家的利润。

另外，即使大部分的 ERP 系统有产品利润报表，但其很少关注公司投入，对经营结果缺乏整体综合性评估，可能会给经营决策带来误判。比如，单从产品利润表看，产品可能是盈利的，但利润可能都压在存货上，这也是很多卖家存货异常的直接原因。所以，过于关注产品利润报表、缺乏存货合理性评估及公司整体周转效率情况评估维度，这些都会直接影响公司整体经营情况及决策。

总的来说，这两种方式虽然侧面反映了公司的部分经营情况，但数据的准确性和完整性有待提高，经营结果评估不全面，还不能完全替代财务工作的账务核算职责。财务的账务处理是一个系统性的工作，是把企业日常的经济业务数据转换成财务语言的过程。因此，通过账务处理，能够保障财务数据的完整性和可追溯性。

此外，不同的数据账簿和报表之间通过对账也能形成相互稽核，从而保障财务数据的准确性。通过账务处理，财务部门能够给公司提供准确、多维度的数据基础，这也是公司后续打造数据化运营以及通过财务分析来支持经营改善的前提。

第一节　会计核算基础

会计核算就是把业务语言转化为财务数字的过程，很多公司核算不清楚，账做不明白，最主要的原因是对业务流程不了解或者业务流程没理顺。而且在企业实际业务环节中，我们还常会遇到核算的颗粒度与业务需求不匹配的问题，这会导致核算结果不能全面反映业务真实情况。

那么，在进行账务核算之前，需要对会计科目、核算项目以及核算工具进行评估选择。

一、会计科目的设置

很多卖家觉得会计科目设置很简单，直接引用会计准则模板中的标准科目就行。但是他们在后续的核算过程中就会发现，很多核算的基础科目都用不上，但核算的工作量却很大；另外，由于经常需要调整会计科目，特别是在有新业务增加或者组织架构变动时，现有的科目或者核算项目完全不适用，只能持续新增会计科目或者核算项目，导致财务系统越来越臃肿，核算效率越来越低下。

其实，这就相当于软件系统的底层框架设计，如果软件系统的底层框架没有设计好，就会出现系统运行速度慢、需要频繁更新打补丁的情况，严重的还会出现系统宕机现象。会计科目的设置也是一样的道理，如果设置得不合理，后续核算科目调整的空间有限，针对有些已经发生的业务，系统也不允许再去调整科目设置，最终可能陷入核算的结果与管理需求不匹配、核算效率低下、现有的核算体系无法满足新业务的核算需求等困境。

那么，在设置会计科目之前，我们需要明确会计核算的目的：一方面，通过会计核算生成财务报表，向外部相关方呈现经营结果；另一方面，基于内部经营管理的需求，通过账务处理及核算进行数据分析，指导经营决策。

理论上，核算的最小单元越明晰越好，后续分析的适用性和扩展性会越高，但这样做会增加大量基础的核算工作量。而如果核算得太粗略，在后续进行经营分析时，很多基础数据抓不到，核算的有效性又会大大降低。

所以，在评估核算颗粒度及设置会计科目的时候，建议大家在参考会计准则规定的会计科目的同时，结合内部的管理需求优化二级科目的设置，明确核算的颗粒度。在进行科目设置时，我们可以遵循以下几个原则。

1. 会计核算与业务属性相结合

设置会计核算科目时需要考虑业务的属性，要准确反映真实完整的业务。跨境电商交易过程中会涉及很多专属费用，如平台佣金、尾程派送费、广告费、仓储费、税费等。在财务核算时就需要设置相应的核算科目来记录这些费用。当然，有些泛行业通用但跨境电商用不到的会计科目在核算时可简化。

2. 平衡管理需求、核算的复杂度以及基础核算的工作量

现阶段，跨境电商企业的后台费用并不高，也不是现阶段管理改善重点，因此不建议公司在这些日常费用核算上花费太多时间和精力。还有一些公司习惯性地将日常费用拆分得很细，设立几十个费用科目进行日常费用的核算，但很多费用都是偶然发生的，或者金额不大，精细化核算的必要性并不强。

针对金额不大、单次发生或者日常发生频率不高的经济事项，结合核算的效率和管理需求，我们不建议全部单独设立核算科目来进行核算，如通信费，大部分跨境卖家的通信费很少，且频次低，不需要为此业务单独设置核算科目。

3. 为未来新业务的核算科目设置保留一定的可拓展性空间

很多财务系统在初始化，启用会计科目的时候，只考虑到当下的业务场景和管理需求，没有考虑公司未来业务可能存在的变动情况，这就导致当公司业务变化时，现有的科目体系不能满足核算的需求，只能重新建立科目体系或者无节制地增加新的核算科目，最终导致数据之间可比性差，系统也越来越冗余。

在此，我们整理了一份跨境电商行业常用的会计科目表，如表 2-1 所示。

表 2-1　跨境电商行业常用会计科目表

科目代码	科目名称	余额方向	项目辅助核算	期末调汇
1001	存货现金	借		
1002	银行存款	借		是
100201	银行存款—招商银行	借	账号 / 币别	是
1012	其他货币资金	借		是
101201	其他货币资金—第三方资金平台	借	账号 / 币别	是
101202	其他货币资金—在途资金	借	账号 / 币别	是
1122	应收账款	借		是
112201	应收账款—Amazon	借	店铺 / 币别	是
1123	预付账款	借		

续表

科目代码	科目名称	余额方向	项目辅助核算	期末调汇
112301	预付账款—供应商	借	供应商	是
112302	预付账款—物流商	借	供应商	是
112399	预付账款—其他	借	供应商	是
1221	其他应收款	借		
122101	其他应收款—备用金	借	员工	
122102	其他应收款—押金 & 保证金	借		
122103	其他应收款—社保	借		
122104	其他应收款—公积金	借		
122105	其他应收款—应收出口退（免）税	借		
122199	其他应收款—其他	借		
1405	存货商品	借		
140501	存货商品—在仓产品	借	仓位 /SKU	
140502	存货商品—头程	借	仓位 /SKU	
140503	存货商品—在途产品	借	仓位 /SKU	
1471	存货跌价准备	贷	仓位 /SKU	
1601	固定资产	借		
160103	固定资产—电子设备	借		
160199	固定资产—其他	借		
1602	累计折旧	贷		
160203	累计折旧—电子设备	贷		
160299	固定资产—其他	贷		
1701	无形资产	借		
1702	累计摊销	贷		
2001	短期借款	贷		

科目代码	科目名称	余额方向	项目辅助核算	期末调汇
2202	应付账款	贷		
220201	应付账款—供货商	贷	供应商	是
220202	应付账款—物流商	贷	供应商	是
220299	应付账款—其他	贷	供应商	是
2211	应付职工薪酬	贷		
2221	应交税费	贷		
222101	应交税费—应交增值税	贷		
222102	应交税费—未交增值税	贷		
222103	应交税费—待抵扣进项税	贷		
222104	应交税费—应交企业所得税	贷		
222105	应交税费—应交个人所得税	贷		
222111	应交税费—间接税费	贷	平台/店铺	
2241	其他应付款	贷		
4001	实收资本	贷		
4103	本年利润	贷		
4104	利润分配	贷		
6001	主营业务收入			
600101	主营业务收入—平台收入		平台/店铺/SKU	
600102	主营业务收入—平台赔偿款		平台/店铺/SKU	
6111	投资收益			
6117	其他收益			
6301	营业外收入			
6401	主营业务成本			
640101	主营业务成本—产品成本		平台/店铺/SKU	

科目代码	科目名称	余额方向	项目辅助核算	期末调汇
640102	主营业务成本—运费		平台 / 店铺 / SKU	
6403	税金及附加			
6601	销售费用			
660101	销售费用—职工薪酬			
66010101	销售费用—职工薪酬—基本工资			
66010102	销售费用—职工薪酬—奖金提成			
66010103	销售费用—职工薪酬—社保公积金			
66010104	销售费用—职工薪酬—员工福利费			
660102	销售费用—平台费用		平台 / 店铺 / SKU	
66010201	销售费用—平台费用—佣金		平台 / 店铺 / SKU	
66010202	销售费用—平台费用—站内推广费		平台 / 店铺 / SKU	
66010203	销售费用—平台费用—促销折扣		平台 / 店铺 / SKU	
66010204	销售费用—平台费用—仓储费		平台 / 店铺 / SKU	
66010299	销售费用—平台费用—其他		平台 / 店铺 / SKU	
660103	销售费用—站外推广费用			
660104	销售费用—仓储费			
660105	销售费用—租金及物业费			
660106	销售费用—办公费			
660107	销售费用—折旧摊销费			

科目代码	科目名称	余额方向	项目辅助核算	期末调汇
660199	销售费用—其他费用			
6602	管理费用			
660201	管理费用—职工薪酬			
66020101	管理费用—职工薪酬—基本工资			
66020102	管理费用—职工薪酬—奖金提成			
66020103	管理费用—职工薪酬—社保公积金			
66020104	管理费用—职工薪酬—福利费			
660202	管理费用—租金及物业管理费			
660203	管理费用—办公费			
660204	管理费用—交通费			
660205	管理费用—差旅费用			
660206	管理费用—业务招待费			
660207	管理费用—服务费			
660208	管理费用—商标专利费			
660209	管理费用—折旧及摊销			
660299	管理费用—其他费用			
6603	财务费用			
660301	财务费用—手续费			
660302	财务费用—汇兑损益			
660303	财务费用—利息收入			
660399	财务费用—其他			
6701	资产减值损失			
6711	营业外支出			

注：SKU：SKU 的全称是 stock keeping unit，代表库存单位，是分配给库存中每个产品或物料的唯一标识符。

二、核算项目的选择

通过对核算项目的设置，可以进行多维度的核算，以满足不同维度的数据统计及分析的需求，提高核算效率。

除了传统的供应商需要进行辅助核算，跨境电商日常交易过程中也会涉及不同的币种。因此，卖家可以考虑针对货币资金进行辅助核算。

同时，跨境电商是多平台、多店铺、多品类运营，每个平台、店铺、品类的运营效率和结果都存在差异，这就需要财务人员通过数据分析比较找到公司的亮点及优势，同时挖掘管理、改善的重点。基于上述管理需求，财务人员在核算的时候也需要分平台、分店铺、分品类、分团队进行多维度的项目辅助核算。

关于中后台费用是否需要进行辅助核算的问题，在跨境电商行业一直存在一些争议。很多卖家的业务部门提成是根据经营边际利润来核算的，同时他们的中后台日常费用不高，但基础核算工作量大。基于这几方面考量，针对中后台费用进行部门辅助核算的意义不大。另外，有一部分卖家实行阿米巴经营❶，各阿米巴组织完全自负盈亏，这种情况下是有将中后台的固定费用进行部门核算的需求的。

总的来说，对中后台费用是否进行辅助核算，需要根据企业需求来进行综合评估。

三、财务系统的考量

没有合适的财务软件系统用于核算，是现在很多亿级卖家的一个痛点。但现阶段，市场主流的软件都不能很好地满足卖家的需求。我们曾见过体量几个亿的卖家，却没有使用财务软件，还在纯手工核算，或者使用金蝶、用友等传统标准财务软件进行核算。此外还有少部分卖家会基于 SAP、Oracle❷ 的系统

---

❶　阿米巴经营：阿米巴经营模式来自日本稻盛和夫的经营管理理念，它将公司组织分为一个个微型的"阿米巴"小集体，各个小集体就像是一家小型的公司，让其制订各自的计划，通过这样一种做法，让第一线的每一位员工都能成为主角，主动参与经营，进而实现"全员参与经营"。

❷　SAP、Oracle：国际上常见的软件系统。

架构，做财务模块二次开发。

为什么市场上没有一款比较适合跨境电商行业的财务软件系统呢？

这里就存在一个商业悖论。很多软件服务商偏向开发标准模块化软件，基本上不会做针对企业的定制化需求服务。对于部分中小卖家而言，他们是存在财务核算定制化需求的，只是付费意愿有限。如果单纯为了少数客户需求去开发新模块，一方面需求定义难，另一方面对于软件服务商而言，投入产出不对等，因此软件服务商不愿意进行定制化开发。

对于跨境大卖家而言，他们更有财务软件功能方面的需求痛点，同时也有足够的付费意愿和能力，但基于数据安全性考量，这部分卖家更偏向于在基础软件架构上进行自主开发，软件服务商能提供服务的机会并不多。基于以上这些因素，最终现阶段市场上的财务软件基本上只能提供一些泛行业的财务标准模块，没有单独针对跨境行业的财务软件，更没有针对跨境卖家的特殊管理需求做定制化开发的功能。

久而久之，随着卖家体量的增长，核算的基础数据量增加，基于核算效率及报表数据及时性的需求，卖家只得被迫选择标准化的财务软件。

既然如此，卖家该如何在有限的范围内选择最适合自己的财务软件呢？卖家可以从数据的安全性、财务系统的稳定性、财务系统的兼容性、软件定制化需求开发的可行性等维度进行综合评估选择。

1. 数据的安全性

财务数据是每家企业最核心的机密数据，数据的安全性是选择财务软件系统的第一考量要素。现阶段很多财务软件提供云服务、软件 SaaS（软件即服务）化，软件服务成本低，访问便捷，不受地域限制。但对于有条件的卖家，还是建议自建服务器，优先考虑本地存储，这样数据的安全系数会相对高一些。

2. 财务系统的稳定性

财务系统的稳定性也是卖家在选择财务软件的时候需要重点考虑的因素。这也是 SAP、Oracle、金蝶、用友等传统财务软件的优势，基于系统整体架构的设计，并经过长时间的运营实践经验检验以及系统的优化迭代，这些软件系统的稳定性相对较高。

3.财务系统的兼容性

在如今的信息化时代，每家企业内部都有多款软件系统在运行，比如目标管理系统、运营 ERP 系统、采购下单系统、绩效考核系统、预算报销系统等。企业内部不同系统都承载着企业不同维度的经营数据，账务处理就是把业务数据转换成财务数据的过程，企业的日常经营行为最终都会反映在一串串财务数据里。

目前，在各个系统没有打通之前，财务人员需要在系统外进行数据的转换和加工处理，这严重影响了企业运营效率，同时也会导致企业内部存在大量的数据冗余和浪费。未来在数字化、智能化的驱动下，数字资产势必将成为企业最重要的资产，如果财务软件能够与企业内部其他软件有效结合，数据能够互联互通，就可以大大地提高企业内部的运营效率，数据也将成为企业核心竞争力的一部分。

4.软件定制化需求开发的可行性

现行财务软件会有一些标准化的报表功能，而每家企业基于管理的侧重点不一样，需要根据内部管理需求去统计一些数据报表，这会形成一些非标准化的需求。比如，构建企业经营指标看板、业务员的提成数据核算及分析、物流费用变化趋势分析等。这些需求背后所需要的基础数据财务系统都有，大部分需求也是周期性的。传统的月度重复性的统计工作效率低下，而财务软件的一大功能是解决财务核算工作效率的问题，如果能够通过软件定制化开发解决这部分需求，这将是财务软件的一个亮点。

随着跨境卖家管理的精细化以及数智化驱动经营，这部分需求会越来越多，这也可能是未来不同财务软件系统拉开差距的地方。

第二节　会计核算内容

相对于传统行业的财务核算，跨境电商基于自身业务，其财务核算有以下特点。

（1）核算主体多。跨境卖家一般都拥有多家公司主体，每家公司主体的定位不一样，这就需要针对多家主体进行分别核算，再针对主体进行合并报表核算。

（2）核算数据来源多。跨境电商卖家一般涉及多平台运营，每个平台的账单及数据定义都有自己的标准，而且同一平台的核算规则会存在不定期的变化。这导致在财务核算时，需要在核对平台规则及基础数据上花费大量时间和精力。

（3）收入确认规则不统一。由于跨境业务的平台交易复杂，且对收入的理解有偏差，卖家在进行收入确认的时候会存在一些分歧。

（4）存货核算复杂度高。很多跨境电商企业的仓位特别多，又因有多种发货模式，存货调拨以及中间流转环节多，存货的核算基础工作量大、核算复杂度高。又因为单一的 ERP 无法集成所有的存货数据，很多都需要财务人员从电商平台直接导出原始数据进行表外加工核对后，才能进行财务核算，这大大地增加了核算的工作量和复杂度。

（5）存货风险评估不足。大部分卖家都缺乏财务谨慎性，没有根据存货潜在的损失进行存货风险评估，最终有可能导致赚的钱都在存货上。如果店铺存货被冻结或者存货清仓处理，则意味着企业是亏损的。

（6）物流费用分摊规则多样化。现阶段，只有少部分跨境卖家走自发货模式，大部分卖家还是选择先将货物批量发送至电商平台仓库或者海外仓的模式。很多卖家直接根据产品重量占比来进行物流费用分摊，有些体积大的品类会参考产品的体积占比来进行分摊。当然，也有一些进行精细化管理的卖家，会将产品的重量和体积赋予不同的权重，最终综合产品的重量和体积来分摊物流费用。

（7）资金管理及核算烦琐。跨境电商交易完成后，资金从消费者端到电商平台，再到第三方资金平台，然后通过第三方资金平台分发出去或回流至企业账户。这中间涉及多平台、多店铺、多资金账号、多币种、提现规则多变且不统一、C 端基础交易数据多等业务特点，这些因素综合导致了跨境电商行业的资金管理及核算变得非常繁杂。

（8）退货业务核算不完整。在跨境电商交易环节中，退货业务相对复杂，存在不同的退货情况，不同情形的退货涉及的核算内容也有区别。这里面主要涉及退货对应的收入、成本以及退货的佣金、运费、处理费等不同业务的核算处理。若核算时漏掉中间的一些环节，会导致核算不准确。

接下来，我们针对跨境电商主要核算模块进行一一讲解。

一、核算模块一：收入

跨境卖家统计收入的方式呈现多样化，有些卖家是根据平台回款的金额来确认收入，有些卖家是根据平台的订单金额减去退货退款金额来确认收入，也有一些卖家是根据平台月结算单金额来确认收入。那么，到底哪种确认收入的方式更加科学有效呢？我们来探讨一下。

（一）收入的定义

根据《企业会计准则——基本准则》，收入是指企业在日常活动中形成的、会导致所有者权益增加的、与所有者投入资本无关的经济利益的总流入。根据收入的定义，收入主要有以下几个特点。

① 收入是与所有者投入资本无关的经济利益的总流入。所有者投入资本主要是为谋求享有企业资产的剩余权益，由此产生的经济利益的总流入不构成收入，应确认为企业所有者权益的组成部分。

② 收入是在企业的日常活动中形成。明确界定日常活动是为了将收入与利得相区分，企业非日常活动所形成的经济利益的流入不能确认为收入，应计入当期损益。跨境企业销售商品、提供跨境服务，均属于企业为完成其经营目标所从事的经常性活动。

③ 收入会导致企业所有者权益增加。企业为第三方或客户代收的款项，不属于收入的范围。比如，有些跨境电商在平台上销售时会涉及一些销售税、增值税，有些商品售卖时不包含运费等，这些费用都由卖家向消费者一并收取，后续再缴纳支付，跨境卖家只是发挥了代收代付的作用，因此这部分款项不构成企业的收入。

总之，跨境电商企业的收入主要是指企业通过跨境电商平台（如 Amazon、eBay、Walmart 等）向终端消费者销售商品的收入。除正常产品销售的收入外，部分跨境企业还有第三方提供代运营、供应链流程管理等服务收入。

（二）收入的确认

根据我国 2018 年 1 月 1 日施行的企业会计准则第 14 号——收入规定，企业应当履行合同中的履约义务，即在客户取得相关商品或服务的控制权时确认收入。其中，取得相关商品和服务的控制权是指能够主导该商品或服务的使用，并且能够从中获得几乎全部的经济利益。

1. 收入确认条件

在销售商品时，当企业与客户之间的合同同时满足下列条件时，企业应当在客户取得相关商品或服务控制权时确认收入。

第一，企业已将商品所有权上的主要风险和报酬转移给购货方，即商品所有权上的主要风险和报酬是否已转移作为收入确认判断的基础。

第二，企业既没有保留通常与所有权相联系的继续管理权，也没有对已售出的商品实施控制。

第三，与交易相关的经济利益很可能流入企业。其中，与交易相关的经济利益主要表现为销售商品的价款。在实际业务中，企业售出的商品符合合同或协议约定的要求，并已将发票账单交付买方，买方也承诺付款，即表明销售商品的价款能够收回。

第四，相关的收入和成本能够可靠地计量。收入能否可靠地计量，是确认收入的基本前提。如果成本不能可靠计量，即使其他条件均已满足，相关的收入也不能确认。

2. 收入确认时点

现阶段很多跨境卖家确认收入的时点存在不一致，有按回款、按销售订单、按平台结算单或者销售发货记录等多种确认方式。部分跨境电商上市公司收入确认原则和时点如表 2-2 所示，卖家可以根据自身实际情况进行参考。

跨境电商交易的业务模式一般是终端消费者在自营网站和第三方销售平台下单并付款后，销售平台将商品配送给消费者或公司委托物流公司配送交付给消费者。在这一过程中，涉及电商平台众多，平台结算规则存在一定差异，对于跨境卖家来说，客观上也难以获取电商平台每个订单商品的有效的商品签收信息和客户签收时间。

表2-2　部分跨境电商上市公司收入确认原则和时点

主体	收入确认原则
安克创新	对于线上销售，客户通过线上销售平台下单，销售平台负责将货物配送给客户或者公司委托物流公司配送交货给客户，主要收货和结算风险消除时作为风险报酬转移时点，于此时确认收入
晨北科技	客户合约收益于货物的控制权转移至客户时（通常是在客户收到产品交付时），按反映集团预期交换该等货物而有权获得的代价金额确认
星徽股份	公司根据网络订单，通过物流将商品交付给客户，商品发出并交付物流公司时作为控制权转移时点，于此时确认收入
跨境通	客户通过在公司自营网站或者第三方销售平台下订单并按公司指定的付款方式支付货款后，由公司委托物流公司将商品配送交付给客户，公司在将商品发出并交付物流公司时确认收入
赛维时代	客户通过在自营网站和第三方销售平台下订单并按公司指定的付款方式支付货款后，销售平台负责将商品配送给客户或者公司委托物流公司配送交付给客户，商品预计妥投或者平台已结算，于此时确认收入
致欧科技	客户通过电商平台下单，电商平台负责将货物配送给客户或者公司委托物流公司配送交货给客户，在商品交付给终端消费者时，商品控制权转移给客户，公司于此时确认收入

因此，基于谨慎性原则和可操作性，跨境电商卖家以电商平台已结算时点或商品已妥投时点确认收入，也就是卖家在取得电商平台对账单或形式结算单后，可以作为确认与电商平台之间权利义务的时点。这样的确认方式符合新收入准则收入确认的规定。

自营网站销售收入的确认时点可以作为商品预计妥投时点。自营网站销售的商品妥投是指物流或快递公司按照商品派送要求将商品送达客户指定的地址，并非指经客户签收。商品妥投期即物流或快递公司配送商品至客户指定地址的配送时间。

（三）收入的账务处理

跨境电商的平台、店铺、账号、品类数量多，为满足核算及经营管理需求，企业可以在一级科目"主营业务收入"项下，结合二级科目与核算项目来实现各平台店铺的收入核算，如"主营业务收入—Amazon（店铺/品类）"，同时考虑采用原币进行辅助核算。跨境电商收入的核算分为以下几个环节。

1. 销售商品环节

商品销售收入在确认时，应按确认的收入金额，借记"应收账款"账户，贷记"主营业务收入"账户，应收账款的期末余额为企业应收各电商平台的金额。另外，与境内销售商品不同，跨境电商平台销售收入为免税收入，不需要考虑增值税销项税额。

借：应收账款—Amazon（店铺/品类）

　　贷：主营业务收入—Amazon（店铺/品类）

很多卖家可能遇到电商平台仓里面的存货丢失或者存货遭受残损的情况。如果是平台的责任，经确认后，电商平台会给予一定的赔偿，这种情况可以视同销售处理。以 Amazon 为例，以下几种情形电商平台会进行赔偿：

① 在 FBA 仓运营中，商品丢失或残损；

② 在 FBA 尾程派送过程中，商品丢失或残损；

③ 从 FBA 仓移除至其他地址时造成商品丢失或残损。

2. 预期退货环节

根据电商平台的规则，消费者在购买商品后一定期限内有权退货。基于谨慎性原则，企业应根据销售商品的历史经验和数据，预计可能发生销售退货退款的金额，并抵减销售收入。企业应将预期因销售退回而将退还给消费者的金额，确认为应付退货款，列为其他流动负债。应付退货款的期末余额为企业计提退货风险金额。

在实操过程中，很多企业对预期退货缺乏核算，当实际发生退货时，才进行相应的账务核算处理，这里就会导致企业当期的退货数据和销售数据不匹配，不能评估当期退货率的合理性，同时也会导致企业经营利润虚高，潜在的经营风险后置。

借：主营业务收入—Amazon（店铺/品类）（金额以贷方负数填列）

　　贷：其他应付款—应付退货款—Amazon（店铺/品类）

3. 发生实际退货

当发生实际退货时，应当核销已计提的应付退货款，同时冲减平台的应收账款。

借：其他应付款—应付退货款—Amazon（店铺/品类）

　　贷：应收账款—Amazon（店铺/品类）（金额以借方负数填列）

4. 期末结转

根据主营业务收入的贷方发生额，期末结转至"本年利润"账户，结转后，该账户无余额。

借：主营业务收入—Amazon（店铺/品类）

　　贷：本年利润

（四）核算依据

跨境电商收入的核算依据可以根据其订单来源于第三方电商平台或自营网站来进行划分。

1. 通过第三方电商平台进行销售

通过第三方电商平台进行销售的，第三方电商平台会收取一定比例的平台费用或佣金，均会以对账单或者结算单形式与企业进行结算核对。企业在确认收入时，可以以外部电商平台的对账单或结算单作为记账依据。赛维时代各电商平台收入确认原则如表2-3所示，供大家参考。

表2-3　赛维时代各电商平台收入确认原则

平台名称	会计核算模式	收入确认时点
Amazon	终端消费者在平台下单付款，Amazon 或公司负责货物配送，Amazon 出具月结算单；公司定期核对月结算单，并根据月结算单内容确认当月收入、费用和应收账款并结转成本。Amazon 根据平台规则每14天将满足放款条件的订单进行放款，公司相应冲销应收账款	公司收到月结算单核对无误后确认收入
eBay	终端消费者在平台下单付款给公司关联的第三方支付平台 PayPal 账户，eBay 平台定期出具对账单，公司据此确认收入、费用和预收账款并结转成本	公司收到结算单核对无误后确认收入
Wish	终端消费者在平台下单付款，Wish 出具结算单，公司定期核对结算单，并根据结算单内容确认当期收入、费用和应收账款并结转成本。Wish 根据平台规则进行放款，账面冲销应收账款	公司收到结算单核对无误后确认收入

续表

平台名称	会计核算模式	收入确认时点
Walmart	终端消费者在平台下单付款，Walmart 出具结算单，公司定期核对结算单，并根据结算单内容确认当期收入、费用和应收账款并结转成本。Walmart 根据平台规则进行放款，账面冲销应收账款	公司收到结算单核对无误后确认收入

一些跨境电商平台对账单和结算单的导出路径又是什么样的呢？

以 Amazon 为例，跨境卖家收入凭证记账的依据是从 Amazon 后台导出的交易明细报告（Summary Report）和月结算单（Monthly Transaction）。

速卖通平台订单导出比较简单，导出路径为：交易→订单批量导出。虾皮（Shopee）平台导出路径为：财务→我的收入→已完成拨款→导出。

2. 通过自营网站销售商品确认收入

企业通过自营网站销售商品的，可以将订单、消费者付款记录、销售发货物流单据、物流费用结算单作为辅助记账依据。

二、核算模块二：销售回款

跨境电商企业普遍选择进行多店铺、多区域运营，造成资金账号、资金币种多样化，这是资金核算的难点之一。

根据现有的资金回款路径以及电商平台和第三方资金平台的规则，从电商平台提现至第三方资金平台，以及从第三方资金平台提现至银行账户普遍存在资金到账时效的问题，大部分款项并不能当天到账，这种回款到账的滞后性，是跨境电商企业资金核算及管理的另一大难点。

同时，应收电商平台款项账龄较短，再综合考虑跨境电商平台历史回款情况、违约损失及目前各平台经营状况，应收电商平台款项无显著回收和坏账风险，因此卖家一般不会对电商平台的款项进行风险计提准备。

对于以上难点问题，我们该如何应对呢？

关于回款的账务处理，企业应当通过"银行存款""其他货币资金"科目来进行核算，并根据原币种进行辅助核算，"其他货币资金—在途资金"科目还需要根据不同的平台、店铺、币种进行辅助核算。

其他货币资金是指企业除现金、银行存款以外的其他各种货币资金。常见其他货币资金包括银行汇票存款、银行本票存款、信用卡保证金存款以及其他资金平台资金等。对于跨境电商企业的第三方资金平台的资金往来，可以通过"其他货币资金"科目来进行核算。

基于管控资金风险和解决电商平台、第三方资金平台、银行账户之间资金流转的时效性问题，建议企业通过"其他货币资金—在途资金"进行风险管理。期末编制银行存款余额调节表，并通过检查"其他货币资金—在途资金"的明细账，核对电商平台提现金额与第三方资金账户收款金额，以及第三方资金账户提现金额与银行账户收款金额的一致性，防范电商平台提现账户被恶意篡改的风险，针对回款可能出现异常风险情况也能够及时做出风险预警。

目前，跨境电商回款主要经历以下几个环节。

1. 电商平台提现

企业根据各个电商平台的提现规则，在从电商平台（以 Amazon 为例）提现至第三方资金支付平台时，增加"其他货币资金—在途资金"科目余额，冲减"应收账款—Amazon"科目余额。

借：其他货币资金—在途资金—Amazon（账号 / 币别）

贷：应收账款—Amazon（店铺 / 币别）

2. 第三方资金平台资金到账

将"其他货币资金—在途资金—Amazon"金额结转到"其他货币资金—资金平台"科目；期末通过核对"其他货币资金—在途资金—Amazon"科目余额，检验电商平台提现金额与第三方资金账户收款金额的一致性，针对电商平台提现账户存在可能被恶意篡改的风险做出及时预警。

借：其他货币资金—资金平台（账号 / 币别）

贷：其他货币资金—在途资金—Amazon（店铺 / 币别）

3. 第三方资金平台提现

企业根据第三方资金平台的提现规则，在从第三方资金平台提现至银行账户时，先增加"其他货币资金—在途资金—资金平台"科目余额，冲减"其他货币资金—资金平台"科目余额。

借：其他货币资金—在途资金—资金平台（账号 / 币别）

贷：其他货币资金—资金平台（账号 / 币别）

4. 银行账户资金到账

将"其他应收款—在途资金"金额结转到"银行存款"科目；期末通过核对"其他货币资金—在途资金—资金平台（账号 / 币别）"科目余额，检验第三方资金账户提现金额与银行账户收款金额的一致性。

借：银行存款—银行（账号 / 币别）

贷：其他货币资金—在途资金—资金平台（账号 / 币别）

三、核算模块三：存货

存货是指企业在日常活动中持有以备出售的产成品或商品，处在生产过程中的在产品以及在生产过程或提供劳务过程中耗用的材料和物料等。

下列各项存货属于企业的存货：

① 已确认为购进但尚未到达入库的在途存货；

② 已入库但未收到有关结算单据的存货；

③ 已发出但所有权尚未转移的存货；

④ 委托其他单位代销或代加工的存货。

跨境电商企业的存货主要是采购入库后以备出售的库存商品。需要注意的是，按照"企业会计准则第 1 号——存货"对存货的定义，已经对供应商下采购单，但并未入库的商品不属于存货的范畴。

根据存货存放地点，存货可以分为库存商品、在途产品、发出商品等。大部分跨境卖家的存货可以分为本地仓库存、在途库存、海外仓库存（含 FBA 仓库存）。

（一）存货的初始计量

《企业会计准则第 1 号——存货》规定：存货应当按照成本进行初始计量。存货成本包括采购成本、加工成本和其他成本。

存货的采购成本包括存货的购买价款、相关税费、运输费、装卸费、保险费以及其他可归属于存货采购成本的费用。

存货的加工成本包括直接人工以及按照一定方法分配的制造费用。跨境电商行业有些是工贸一体的卖家，这部分卖家可能会涉及存货的加工成本或者外协加工成本。

存货的其他成本是指除采购成本、加工成本以外的，使存货到达目前场所和状态所发生的其他支出。

在跨境电商行业中，很多卖家是先将商品备货至海外仓再进行销售，对于备货海外仓的商品，因其到达海外仓上架之后才能达到销售状态，因此从境内采购的存货在发往海外仓的过程中产生的费用，即行业内常说的头程费用，应作为产品的采购成本，计入产品成本进行核算，待实际销售时结转至"主营业务成本"。

其中，头程费用是指从境内仓库到达境内港口，经海上（空中）运输，最终到达目的国（地区）港口，再运输到海外仓库的全过程费用，包括海（空）运费、快递费、目的港报关费、关税、进仓费等。

在计算头程物流成本时，怎么把物流费用合理地分摊至每个产品呢？这也是跨境卖家存货核算的难点。物流费用的分摊方式与产品的属性有关系，大部分小件货物品类可以参考重量比例分摊，部分体积蓬松，不能挤压的产品会依据体积占比来分摊。另外，借助 ERP 软件工具，部分进行精细化管理的卖家会赋予产品的重量和体积不同的权重，综合重量和体积来进行分摊；卖家可以根据产品属性和管理需求来确认分摊标准。

我们以某企业按照产品重量分摊成本的案例来演示，如表 2-4 所示。

表 2-4 某企业按照产品重量分摊成本计算表

物流费用分摊			总分摊重量/克	总运费/元	单位重量分摊运费/元
			38579	5000	0.13
SKU	重量/克	数量	单位 SKU 运费/元	总重量/克	头程运费/元
1	50	100	6.48	5000	648
2	55	100	7.13	5500	713
3	60.5	100	7.84	6050	784

续表

物流费用分摊			总分摊重量 / 克	总运费 / 元	单位重量分摊运费 / 元
			38579	5000	0.13
SKU	重量 / 克	数量	单位 SKU 运费 / 元	总重量 / 克	头程运费 / 元
4	66.55	100	8.63	6655	863
5	73.21	100	9.49	7321	949
6	80.53	100	10.44	8053	1044

头程物流费按规则分摊至每个 SKU 上，计入产品成本进行核算，待实际销售时结转至"主营业务成本"。

（二）存货的计价方法

在选择存货的计价方法时，企业可以采用先进先出法、后进先出法、加权平均法和个别计价法来确定发出存货的发出成本。其中，加权平均法又分为一次性加权平均法和移动加权平均法。

1. 先进先出法

先进先出法默认以先入库的存货先发出为前提来假定成本的流转顺序，对发出及结存存货进行计价。

采用先进先出法计算发出存货成本的具体做法是：先按第一批入库存货的单价计算发出存货的成本，发货完毕后，再按第二批入库存货的单价计算，以此类推。若发出的存货属于前后两批入库的，且单价又不同时，就需要分别用各自批次的单价计算。

采用先进先出法，由于期末结存存货金额是根据近期入库存货成本计价的，其价值接近市场价格，并能随时结转发出存货的实际成本。但每次发出存货要根据先入库的单价计算，工作量较大，一般适用于收发货次数不多的存货。

2. 后进先出法

后进先出法根据后入库先发出的原则，对于发出的存货，以后入库存货的单价进行计价，从而计算发出存货成本。

采用后进先出法计算发出存货成本的具体做法是：先按最后入库存货的单价计算发出存货的成本，发货完毕后，再按前一批入库存货的单价计算，依次从后向前类推，作为每次计算发出存货成本的依据。若发出的存货属于前后两批且单价不同，就需要分别用各自批次的单价计算。

采用后进先出法计算发出存货的实际成本比较接近市场价格。在物价波动的情况下，使发出存货的成本与当期的收入相配比，并能随时结转发出存货的实际成本。但存货结存的金额可能与市场金额差异比较大；每次发货时，要根据后入库的单价计算，工作量较大，一般适用于收发货次数不多的存货。

3. 一次性加权平均法

一次性加权平均法也称全月一次加权平均法，是以本月全部收入数量加月初存货数量作为权数，去除本月全部收货成本加月初存货成本，先计算出本月存货的加权平均单位成本，再计算本月发出存货成本及月末存货成本的一种方法。计算公式参考如下。

存货加权平均单位成本＝（月初结存存货实际成本＋本月收入存货实际成本）÷（月初结存存货数量＋本月收入存货数量）

本月发出存货成本＝本月发出存货数量 × 加权平均单位成本

月末存货成本＝月末存货数量 × 加权平均单位成本

加权平均法的优势在于可以精确地计算每一次的入库成本，核算比较简便。但只有在月末才计算出本月的加权平均成本，平时无法从账上提供发出和结存存货的单价以及金额，不利于存货成本的日常管理。此方法适用于发货频次不高，批量发货的存货核算。

4. 移动加权平均法

移动加权平均法又称移动加权法，是在月初存货的基础上，每入库一批存货都要根据新的存货数量和总成本重新计算一个新的加权平均单价，并据以计算发出存货及结存存货实际成本的一种计价方法。计算公式参考如下。

新加权平均单位成本＝（原结存存货成本＋新入库存货成本）÷（原结存存货数量＋新入库存货数量）

本次发出存货成本＝本次发出存货数量 × 新加权平均单位成本

本次发出后结存存货成本＝本次发出后结存存货数量 × 新加权平均单价

跨境卖家用得比较多的是移动加权平均法。采用移动加权平均法计算发出存货的成本最为均衡，也能随时结算发出存货的成本，但缺点是每次存货入库后几乎都要重新计算平均单价，工作量很大，一般适用于前后单价相差幅度较大的存货。

5. 个别计价法

个别计价法又称分批实际进价法，是指认定每一件或每一批存货的实际单价，计算发出该件或该批存货成本的方法。

采用个别计价法，对每件或每批购进的存货应分别存放，并分户登记各种存货明细分类账。对每次领用的存货，应在发货单上注明购进的件别或批次，便于按照该件或该批存货的实际单价计算其发出金额。

个别计价法能随时结转发出存货的成本。采用这种方法计算的结果符合实际，但计算起来工作量最为繁重，适用于能分清件别、批次的存货。

（三）存货的账务处理

跨境电商卖家很多是铺货型的，产品 SKU 很多，管理复杂度高，导致存货核算难，跨境卖家常常为此头疼。为解决此问题，日常可以通过"存货商品—在途产品""存货商品—在仓产品""存货商品—头程"等科目进行核算。存货的具体账务处理可以分为以下几个环节。

（1）向供应商购买商品，待产品品质检验无误后，采购入库，确认存货商品成本。

借：存货商品——在仓产品（仓位 /SKU）

　　应交税费——应交增值税——进项税额

　贷：应付账款——供应商

部分工贸一体的卖家自主生产产品，成本主要为直接材料、直接人工及制造费用。直接人工为生产线工人的计件工资，可以直接归集至每件商品。制造费用主要包括水电费、折旧费等，月末按照当月生产的产品数量进行分摊。当月完工的产品从"生产成本"结转至"存货商品—在仓产品"。

（2）境内本地仓出库发往境外，或者海外仓发生存货调拨时，根据出库记录进行如下账务处理。期末"存货商品—在途产品"余额在借方，表示在途存货金额。

借：存货商品—在途产品（仓位/SKU）

贷：存货商品—在仓产品（仓位/SKU）

（3）海外仓收到商品，或者海外仓之间调拨入库时，根据入库记录进行如下账务处理。

借：存货商品—在仓产品（仓位/SKU）

贷：存货商品—在途产品（仓位/SKU）

同时，根据物流商的计价规则确认头程费用。

借：存货商品—头程（仓位/SKU）

贷：应付账款—物流商

（4）每月月末，在确认当月收入的同时将存货结转至"主营业务成本"。

借：主营业务成本—产品成本（平台/店铺/SKU）

贷：存货商品—在仓产品（仓位/SKU）

存货商品—头程（仓位/SKU）

（5）若发生销售退货，待收到产品时，增加在仓存货金额，同时核销已预提"其他应收款—应收退货成本"。

借：存货商品—在仓产品（仓位/SKU）

贷：其他应收款—应收退货成本（平台/店铺/SKU）

（6）若海外仓或FBA仓发生盘亏或移除，或者商品丢失、已弃置、已残损，先将存货成本结转到"待处理财产损益"科目，经确认责任后，再通过"待处理财产损益"科目结转到其他损益类科目，如果确认是平台责任，后续在索赔成功后，在确认赔偿收入的同时，确认成本。

借：待处理财产损益

贷：存货商品—在仓产品（仓位/SKU）

（7）计提存货跌价准备。在每期期末时，还需要对存货的跌价进行风险评估；存货成本高于其可变现净值的，应当计提存货跌价准备，差额部分计入当期损益。其中，可变现净值是指在日常经营活动中，存货的估计售价减去估计的合同履约成本和销售费用以及相关税费后的金额。

跨境电商行业可变现净值的确定公式为：可变现净值=估计售价×（1–

估计销售费用率）。其中，"估计售价"为公司产品售价及同类产品市场价格；"估计销售费用率"为销售行为相关的平台佣金费、尾程派送费等累计费用与销售收入的比例。

存货存在下列情况之一的，表明存货的可变现净值低于成本（存货发生部分减值）。

① 该货的市场价格持续下跌，并且在可预见的未来无回升的希望。

② 企业使用该项原材料生产的产品的成本大于产品的销售价格。

③ 企业因产品更新换代，原有存货原材料已不适应新产品的需要，而该原材料的市场价格又低于其账面成本。比如一些3C类的配件，随着主品类的升级迭代，相应的配件价值会产生相应的折价。

④ 因企业所提供的商品过时或消费者偏好改变而使市场的需求发生变化，导致市场价格逐渐下跌，比如季节性产品。

⑤ 其他足以证明该项存货实质上已经发生减值的情形。比如具有挥发性的产品，其产品质量会随着长时间存储而影响功效。

在选取存货跌价准备计提政策时，考虑到跨境电商行业存货具有数量及种类繁多、客单价较低等特点，建议定期根据存货盘点的结果，结合库龄法或个别法计提存货跌价准备。

① 库龄法。对于可正常销售的存货，根据存货的库龄计提存货跌价准备。我们来看看赛维时代是怎么通过库龄法来计提存货跌价准备的，如表 2-5 所示。

表 2-5　赛维时代按照库龄法计提存货跌价准备的标准

品类	0～3月	4～6月	7～12月	1～2年	2～3年	3年以上
服饰配饰	0%	0%	0%	10%	30%	100%
运动娱乐	0%	0%	0%	10%	20%	100%
家居生活	0%	0%	0%	10%	20%	100%
电子产品	0%	5%	10%	20%	30%	100%

续表

品类	0～3月	4～6月	7～12月	1～2年	2～3年	3年以上
航模、汽配	0%	0%	0%	10%	20%	100%
其他	0%	0%	0%	10%	20%	100%

② 个别法。对于不能正常销售的存货，包括存在质量问题的存货、有尺寸问题的存货、已毁损的存货、过期的存货、严重影响使用价值的积压滞销存货等，可以对这些存货采用个别法计提存货跌价准备。

在2021—2022 年，很多卖家都经历了"亚马逊封号潮"，大批的资金和存货被冻结，跨境卖家的很多存货无法通过被封店铺后台申请退仓，也无法在亚马逊平台打折出售，很多店铺一年之后都还没找到有效的处理方案，导致这部分存货实际商业价值为 0，即可变现净值为 0，很多卖家针对这部分存货进行全额计提存货跌价准备。跨境"大卖"泽宝就是深受影响的一员，我们来看看其 2022 年按照个别法披露的存货计提减值情况，如表 2-6 所示。

表 2-6　泽宝 2022 年存货计提减值情况

单位：万元

产品类别	年初结存	本年结转			年末结存	年末计提减值	年末库存净额
		对外销售	报废	小计			
电源类	5 434.75	3 910.55	573.81	4 484.36	950.40	828.49	121.90
蓝牙音频类	5 007.98	3 745.06	607.32	4 352.37	655.60	626.95	28.65
小家电类	32 503.85	19 812.26	7 480.23	27 292.49	5 211.36	4 088.00	1 123.36
电脑手机周边类	10 065.43	6 534.40	2 264.80	8 799.20	1 266.22	1 077.79	188.43
其他类	14 099.19	7 800.92	3 486.64	11 287.56	2 811.64	2 342.59	469.05
合计	67 111.20	41 803.19	14 412.80	56 215.98	10 895.22	8 963.82	1 931.39

按照个别法计提存货跌价准备具体该怎么操作呢？每期期末，财务部门根据各品类的存货减值金额做如下账务处理。

借：资产减值损失

　　贷：存货跌价准备

当存货实际发生清理时，将存货的减值金额结转到"存货跌价准备"科目。

借：存货跌价准备

　　贷：存货商品—在仓产品（仓位/SKU）

（四）存货的核算依据

跨境电商的存货核算依据主要是从电商平台后台导出的存货数据报告以及公司 ERP 系统或者是手工进销存表。企业的存货需要区分不同仓库（国内仓、在途仓、海外仓）、不同品类进行核算。

以亚马逊为例，从本地仓发往 FBA 仓会有"已接收存货"报告；从 FBA 仓发往海外消费者会有"已完成订单销售"报告；海外消费者进行退货会有"退货报告"；亚马逊进行 FBA 仓盘库会有"盘库"报告。对于不可售商品，可发起商品移除，移除后有"移除报告"。此外，还有"每月存货报告""存货状况""存货动作详情"以及"存货调整表"。主要报表导出路径如下。

① 存货报告的导出路径为：Reports → Fulfillment → Inventory，即数据报告→履行→库存。其中主要字段包含：存货调整（Inventory Reconciliation Report）、每月存货历史记录（Monthly Inventory）、已接收存货（Received Inventory）、存货动作详情（Inventory Event Detail）、盘库（Inventory Adjustments）、存货状况（Inventory Health Report）。

② 存货移除报告的导出路径为：Reports → Fulfillment → Inventory → Removal Report，即数据报告→履行→库存→移除报告。

③ 退货报告的导出路径为：Reports → Fulfillment → Concessions → Return，即数据报告→履行→退让→买家退货。

四、核算模块四：成本

成本是指企业在日常经营活动中发生的，会导致所有者权益减少的，与向所有者分配利润无关的，为取得收入而发生的对应的支出。

同时，根据新收入准则的规定，为履行合同而发生的运输费用作为合同履约成本，最终结转为主营业务成本。所以跨境电商行业的成本除产品成本之外，还有物流成本，即尾程派送费用，换句话说，就是公司向客户配送货物发生的直接物流运输费，其主要包括亚马逊 FBA 配送费、海外仓发货当地的尾程物流运输费、海外仓调拨物流费用以及支付给邮政及其他快递公司的国内直邮运费。

（一）成本的账务处理

跨境电商的主营业务成本通常通过"主营业务成本—产品成本"和"主营业务成本—运费"两个科目来进行核算。

同时，根据企业自身管理需求，主营业务成本可以通过平台、店铺、品类进行辅助核算。具体核算步骤如下。

1. 确认主营业务成本

在月末确认商品销售收入时，同时将商品的存货成本结转到"主营业务成本—产品成本"科目。这个科目主要核算已确认收入订单所对应的商品存货成本和销售订单中退款并退货的成本以及头程运费。

借：主营业务成本—产品成本（平台 / 店铺 /SKU）

　　贷：存货商品—在仓产品（仓位 /SKU）

　　　　存货商品—头程（仓位 /SKU）

同时，根据已经确认收入的订单，确认尾程物流成本。以 FBA 派送为例，账务处理如下。

借：主营业务成本—运费（平台 / 店铺 /SKU）

　　贷：应收账款—Amazon（店铺）

2. 预期退货

根据电商平台的规则，消费者在购买商品后一定期限内有权退货，基于谨慎性原则，企业应根据销售商品的历史经验和数据，预计可能发生销售退货退款的金额，并抵减销售收入。预期发生销售退货退款的商品成本，确认为应收退货成本，列示为其他流动资产。

借：其他应收款—应收退货成本（平台 / 店铺 /SKU）

贷：主营业务成本—产品成本（平台 / 店铺 /SKU）（金额以借方负数填列）

3. 实际退货退款

当发生实际退货时，应当核销已计提的应收退货成本，同时增加平台的存货商品金额。

借：存货商品—在仓产品（仓位 /SKU）

贷：其他应收款—应收退货成本（平台 / 店铺 /SKU）

这里需要特别注意的是，有些产品因为价值低或者退回后可能影响二次销售，当消费者发起实际退货申请时，消费者只需做退款申请，不需要退回产品，此时在账务处理上应当核销已计提的应收退货成本，同时将这部分产品存货视同报废处理。

4. 期末结转

根据"主营业务成本"的借方发生额，期末结转至"本年利润"账户，结转后，该账户无余额。

借：本年利润

贷：主营业务成本—产品成本（平台 / 店铺 /SKU）

主营业务成本—运费（平台 / 店铺 /SKU）

（二）成本的核算依据

跨境电商成本核算的依据主要是已确认收入的销售订单（如亚马逊的"已完成订单销售""退货报告"等），同时结合公司 ERP 出库记录进行辅助核算。尾程成本根据第三方物流对账单核算，涉及 FBA 配送的，参考亚马逊的月度结算报告。

五、核算模块五：费用

费用是企业在日常活动中发生的，会导致所有者权益减少的，与向所有者分配利润无关的经济利益的总流出。跨境电商日常费用主要包含电商平台费用、人员职工薪酬、日常办公费用、中介服务费用等。这里主要介绍与跨境电商行业属性有关的费用，比如平台佣金、市场推广费、仓储费以及一些平台其他费用。其他日常费用的账务核算并无明显跨行业差别，本书不再赘述。

（一）相关费用概述

1. 平台佣金

跨境电商企业主要通过在 Amazon 等第三方电商平台开展线上 B2C 销售业务，第三方电商平台通常对在其平台实现销售的订单抽取一定比例的交易费用，即平台交易佣金；每个平台上的交易佣金有区别，同一平台针对不同的品类佣金也有区别。例如，Amazon 常见的佣金比例为 8% ～ 17%；eBay 常见的佣金比例为 4% ～ 10%；Walmart 常见的佣金比例为 6% ～ 20%。各平台的佣金比例也会不定期地进行调整，具体各平台及品类的佣金比例以平台公布的规则为准。

2. 市场推广费

市场推广费主要是企业为吸引消费者购买而产生的宣传推广引流费用。由于市场推广模式不同，比如有站内推广和站外推广等，因此推广费用类型也不同。常见的市场推广费包含站内广告费、店铺宣传费及站外广告推广费用等。

站内推广是利用电商销售平台提供广告工具及服务推广引流，常见的有 Amazon CPC[1] 广告、Walmart 展示广告。CPC 广告是指通过向目标人群投放广告让 Listing[2] 得到更多的曝光和浏览，在 Listing 符合买家需求、描述准确的前提下，有助于卖家爆款的打造和形成。其费用主要通过销售平台扣款的方式进行支付。

站外推广是指在电商销售平台外投放广告的推广方式，主要有 Facebook 广告、Instagram 广告、Google 搜索引擎、Amazon 站外折扣网站以及达人推广等方式。

3. 仓储费

按照仓位的地理位置归属，仓储费又可以分为国内仓仓储费以及海外仓仓

---

[1] CPC：CPC 的全称是 Cost Per Thousand Click-Through，即网络广告每次点击的费用。CPC 是网络广告界一种常见的定价形式。

[2] Listing：是亚马逊上一个产品页面，包含产品的标题、评价、内容、相关产品等。

储费。而跨境电商企业的海外仓仓储费主要包括亚马逊等线上平台为卖家提供仓储的服务费用、向第三方仓储服务商支付的仓储费用，以及自营仓耗材、操作等运营费用。其中，亚马逊 FBA 仓仓储费包括按商品所占空间的日均体积收取的月度存货仓储费，以及对库龄超过一定时间额外收取的长期仓储费。

4. 平台其他费用

跨境企业通过电商平台交易，通常还会涉及一些平台其他费用，比如店铺租金、秒杀费、折扣促销费用等。在处理存货时，还会涉及处置费、移除费、存货调整费用等。这些费用日常金额不高，企业可以合并平台其他费用按月度一起进行核算。

（二）费用的账务处理

在跨境电商日常运营费用中，平台佣金、站内推广费、平台仓储费是费用大头，而这些费用都是通过电商平台统一结算，故建议企业可以通过"销售费用—平台费用"科目进行统一核算。如果是站外推广多或海外仓多的卖家，还可以增设"销售费用—站外推广费""销售费用—仓储费"进行核算。另外，企业可以根据内部经营管理需求增设二、三级核算科目，并根据不同的电商平台、店铺、SKU 进行辅助核算。关于这些主要费用的账务处理如下。

1. 平台佣金核算

（1）月末，根据平台月度结算单，确认当期的平台佣金费用，借记"销售费用—平台费用—佣金"，同时冲减电商平台的应收账款，并按需进行辅助项目核算。

> 借：销售费用—平台费用—佣金（平台 / 店铺 /SKU）
>
>   贷：应收账款—Amazon（店铺 / 币别）

（2）在发生销售退回时，平台会将前期已经核算的佣金退还，此时冲减已确认的"销售费用—平台费用—佣金"金额，调增电商平台的应收账款。

> 借：销售费用—平台费用—佣金（平台 / 店铺 /SKU）（金额以负数填制）
>
>   贷：应收账款—Amazon（店铺 / 币别）（金额以负数填制）

2. 市场推广费核算

由于电商平台广告费扣款账期和运营广告实际消耗之间会存在时间差（以

亚马逊为例，交易明细表的广告费扣款金额和每月对应的广告费报告金额可能存在差异），加上有些广告费是以信用卡预存款的形式充值，实际消耗时从里面扣减，因此在进行市场广告推广费核算时，建议通过"其他应收款"科目来进行差额核算，并对广告账户余额进行管理。同时，为了便于后续经营分析需求，将站内和站外广告费分科目进行核算。

（1）月度根据平台交易明细表（扣款金额），借记"其他应收款—平台广告费"。

借：其他应收款—平台广告费（平台）

贷：应收账款—平台（店铺／币别）

（2）月度根据广告费报告（运营实际推广消耗）冲减"其他应收款—平台广告费"，确认站内广告费用；"其他应收款—平台广告费"期末余额为未消耗的广告费用。

借：销售费用—平台费用—站内推广费（平台／店铺/SKU）

贷：其他应收款—平台广告费（平台）

（3）企业需要做站外推广时，通过第三方支付平台支付外推广费用，根据充值金额，借记"其他应收款—平台广告费"。

借：其他应收款—平台广告费（平台）

贷：其他货币资金—资金平台（账号／币别）

（4）月度根据实际消耗账单确认站外推广费用；"其他应收款—平台广告费"期末余额为未消耗的广告费用。

借：销售费用—站外推广费用（平台／店铺/SKU）

贷：其他应收款—平台广告费（平台）

3. 仓储费核算

每期期末，根据仓储费报告确认当月的月度仓储费和长期仓储费。借记"销售费用—平台费用—月度仓储费／长期仓储费"，同时冲减电商平台的应收账款，并按需进行辅助项目核算。

借：销售费用—平台费用—月度仓储费／长期仓储费（平台／店铺/SKU）

贷：应收账款—Amazon（店铺／币别）

4. 平台其他费用核算

除了平台主要的交易佣金、站内广告费、仓储费单独进行核算，其他平台费用金额不大，考虑核算的效率，可以通过"销售费用—平台费用—其他"统一进行核算。比如，涉及平台月租费、平台成交费、秒杀费时，借记"销售费用—平台费用—其他"，同时冲减电商平台的应收账款，并按需进行辅助项目核算。

借：销售费用—平台费用—其他（平台 / 店铺 /SKU）

贷：应收账款—Amazon（店铺 / 币别）

5. 期末费用结转

根据费用类科目的借方发生额，期末结转至"本年利润"账户，结转后，该费用类科目无余额。

借：本年利润

贷：销售费用—平台费用—佣金（平台 / 店铺 /SKU）

销售费用—平台费用—站内推广费（平台 / 店铺 /SKU）

销售费用—站外推广费用（平台 / 店铺 /SKU）

销售费用—平台费用—月度仓储费（平台 / 店铺 /SKU）

销售费用—平台费用—长期仓储费（平台 / 店铺 /SKU）

销售费用—平台费用—其他（平台 / 店铺 /SKU）

（三）费用的核算依据

对于跨境电商企业而言，营业费用记账的依据主要来源于店铺平台后台导出的费用数据报告。

以亚马逊为例，亚马逊平台的费用主要有佣金费用、平台广告费、仓储费、店铺月租费、FBA 派送费等。核算依据主要是从亚马逊后台导出的月度仓储费报告 / 长期仓储费报告（Monthly Storage Fees Report/Long Term Storage Fee Charges Report）、广告活动管理报告（Sponsored Products Advertised Product Report）以及月结算单（Monthly Transaction）等。

① 仓储费报告的导出路径为：Reports → Fulfillment → Payments → Monthly storage fees/long term storage fee charges，即数据报告→履约→付款→月度仓储

费 / 长期仓储费。

② 广告活动管理报告的导出路径为：Reports → Advertising reports → Campaign manager，即数据报告→广告报告→广告活动管理。

六、核算模块六：汇兑损益

跨境电商行业涉及多币种经营，汇率的波动会直接产生汇兑损益，从而影响企业的经营利润。

（一）汇兑损益的定义

汇兑损益也称汇兑差额，是指企业在日常经营活动中由于汇率的波动所产生的损益，是企业在发生外币交易、兑换业务以及期末外币账户入账时，采用不同的货币或同一货币不同时期的汇率核算时所产生的按照记账本位币折算的差额。

跨境电商企业主要有以下三种情况会产生汇兑损益：

① 企业在确认收入时，以交易发生月月初记账汇率确认应收账款，每月月末应收账款根据当月月末记账汇率确认当月汇兑损益；

② 货款实际收汇后以相应银行公布的现汇买入价结汇，并确认结汇时相应的现汇买入价与记账汇率差异导致的汇兑损益；

③ 各货币性资产科目根据月末汇率折算人民币产生的汇兑损益。

（二）记账汇率的选择

记账汇率是记录外币业务发生时所用的汇率。根据现行会计制度的规定，企业可以采用当月1日的汇率作为记账汇率，也可以采用外币业务发生日当日的汇率作为记账汇率。但需要注意的是，记账汇率规则一旦确定，不能随意变更，以保持会计核算的可比性原则、一贯性原则。

在企业实务环节中，一般企业通常会把每月1日国家外汇管理局公布的外币中间价汇率作为当月记账汇率，再到月末时，按照下月第一天国家外汇管理局公布的外币中间价汇率进行调整。

（三）汇兑损益的账务处理

通过"财务费用—汇兑损益"科目来进行日常汇兑损益核算，不管产生汇兑损失还是汇兑收益，"财务费用—汇兑损益"的发生额都录入在借方。

1. 日常结汇

由于跨境电商行业交易模式的特殊性，其资金都是先回流至第三方资金平台，再回流至企业的银行账户。现阶段，第三方资金平台的功能也日益丰富，卖家既可以通过第三方资金平台直接结汇，也可以先将外币资金从第三方资金平台直接提现至外币银行账户，再结合企业资金计划以及更有利的汇率情况进行结汇。

（1）通过第三方资金支付平台进行结汇。实时结汇的金额与原币按照记账汇率折算金额的差额，记入"财务费用—汇兑损益"科目。当实时结汇的汇率高于记账汇率时，差额为负数；当实时结汇的汇率低于记账汇率时，差额为正数。

借：银行存款—银行（账号/人民币）

财务费用—汇兑损益

贷：其他货币资金—资金平台（账号/原币）

参考案例如下。

月初美元兑人民币的记账汇率为7.00，月中结汇时，按照7.20的实时汇率进行结汇，结汇金额为100 000美元，具体会计分录如下。

借：银行存款—银行（账号/人民币）720 000

财务费用—汇兑损益　　　　　　 –20 000

贷：其他货币资金—资金平台（账号/原币）700 000

（2）通过银行外币账户进行结汇。当将外币资金从第三方资金平台直接提现至外币银行账户时，借记"银行存款—银行（账号/原币）"，实际结汇时，再将"银行存款—银行（账号/原币）"金额结转到"银行存款—银行（账号/人民币）"。实时结汇的金额与原币按照记账汇率折算金额的差额，记入"财务费用—汇兑损益"科目。当实时结汇的汇率高于记账汇率时，差额为负数；当实时结汇的汇率低于记账汇率时，差额为正数。

借：银行存款—银行（账号/原币）

贷：其他货币资金—资金平台（账号/原币）

借：银行存款—银行（账号/人民币）

财务费用—汇兑损益

贷：银行存款—银行（账号/原币）

2. 期末调汇

在资产负债表日，需要将所有用外币入账的资产负债表科目按照下月月初的记账汇率进行调汇。通常需要进行调汇的外币性债权、债务和货币资金科目有："银行存款""其他货币资金""应收账款""其他应收款""应付账款""其他应付款"等。

汇兑金额计算公式为：

汇兑损益金额＝（期末记账汇率－期初记账汇率）× 原币金额

如果当月记账汇率低于下月月初的记账汇率，外币性资产产生汇兑收益，外币性负债产生汇兑损失；如果当月记账汇率高于下月月初的记账汇率，外币性资产产生汇兑损失，外币性负债产生汇兑收益。具体账务处理如下。

借：银行存款

其他货币资金

应收账款

其他应收款

贷：财务费用—汇兑损益

借：财务费用—汇兑损益

贷：应付账款

其他应付款

参考案例如下。

月初美元兑人民币的记账汇率为 7.00，月末美元兑人民币的记账汇率为 7.10；期末银行存款 500 000 美元、其他货币资金 100 000 美元、应收账款 1 000 000 美元、其他应收款 20 000 美元、应付账款 30 000 美元、其他应付款 10 000 美元。具体会计分录如下。

借：银行存款—银行　　　　　　　50 000

其他货币资金—资金平台　　　10 000

应收账款—Amazon　　　　　100 000

其他应收款—Amazon　　　　　2 000

贷：财务费用—汇兑损益　　　－162 000（借方）

借：财务费用—汇兑损益　　　　　4 000

贷：应付账款—物流商	3 000
其他应付款	1 000

3. 结转损益

根据"财务费用—汇兑损益"借方累计发生额，期末结转至"本年利润"账户，结转后，该账户无余额。

借：本年利润

    贷：财务费用—汇兑损益

第三节 月度结账进度安排

根据卖家的反馈，现阶段企业内部每个月的财务报表出具的时间都比较晚。实际情况是，基于业务数据的收集和整理的工作量以及账务处理的效率等问题，很多卖家都要等到中旬以后才能出具财务报表。

这样的时效性自然导致财务数据对经营的指导意义有限，财务的核算功能价值也不大，但财务核算却占用了财务部门大量的时间和精力。因此，我们建议企业应于每个月事前做好财务结账计划，并制定月度结账进度表来优化月度结账效率。

表 2-7 是根据跨境电商行业的业务特点整理的月度结账进度表，供参考。

表2-7 月度结账进度表参考模板

职责	模块	关键事项	3月3日 目标	3月3日 责任人	3月3日 进度	3月7日 目标	3月7日 责任人	3月7日 进度	3月8日 目标	3月8日 责任人	3月8日 进度	3月9日 目标	3月9日 责任人	3月9日 进度	3月10日 目标	3月10日 责任人	3月10日 进度	3月11日 目标	3月11日 责任人	3月11日 进度	3月13日 目标	3月13日 责任人	3月13日 进度	3月15日 目标	3月15日 责任人	3月15日 进度
账务核算	资金类凭证	资金收付	■																							
账务核算	收入核算	月度结算单整理及核对				■																				
账务核算	收入核算	退货数据核对				■																				
账务核算	成本核算	确认收入										■														
账务核算	成本核算	结转产品成本																								
账务核算	成本核算	尾程核算				■																				
账务核算	存货核算	进销存数据核对										■														
账务核算	存货核算	存货核算										■														
账务核算	存货核算	头程核算										■														
账务核算	存货核算	计提存货跌价准备							■																	
账务核算	平台费用核算	平台费用数据核对																								
账务核算	平台费用核算	佣金费用													■											
账务核算	平台费用核算	广告费用													■											
账务核算	平台费用核算	平台其他费用							■																	
账务核算	日常费用核算	人工薪酬核算																								

续表

职责	模块	关键事项	3月3日 目标	3月3日 责任人	3月3日 进度	3月7日 目标	3月7日 责任人	3月7日 进度	3月8日 目标	3月8日 责任人	3月8日 进度	3月9日 目标	3月9日 责任人	3月9日 进度	3月10日 目标	3月10日 责任人	3月10日 进度	3月11日 目标	3月11日 责任人	3月11日 进度	3月13日 目标	3月13日 责任人	3月13日 进度	3月15日 目标	3月15日 责任人	3月15日 进度
账务核算	日常费用核算	计提人工薪酬																								
		日常费用计提	■																							
		其他费用核算	■																							
	期末调汇	调汇										■														
账务审核	账务凭证审核	凭证审核																								
		科目余额表核对													■											
	账实核对	总账与台账余额核对																■								
		在途资金核对																■								
	账账总账与明细账核对	账账总账核对																■								
经营分析	报表管理	编制三大报表																			■					
		管理编制报表																			■					
经营分析	经营分析	出具经营分析报告																						■		

注：灰色框表示对应关键事项的截止时间。

第三章　报好税：税务管理

我国目前基本税种共有 18 个，分别是增值税、消费税、关税、企业所得税、个人所得税、土地增值税、房产税、契税、车船税、印花税、城市维护建设税、车辆购置税、耕地占用税、烟叶税、船舶吨税、城镇土地使用税、资源税、环境保护税。

与其他传统行业相比，跨境电商行业境内段的涉税情况相对简单，但针对跨境业务涉税事项又具备一些行业特性。

第一节　税法基本知识

税收是国家取得财政收入和宏观调控的基本工具，企业在日常经营活动中也会有各种涉税事宜。我们先来了解税法的基础知识。

一、常见税法要素

企业在日常涉税事项中常遇到的几个税务专业名词，也是税法中常见的几大要素，即纳税义务人、征税对象、税基、税率。

纳税义务人又称纳税主体，是税法规定的直接负有纳税义务的单位和个人，解决的是国家对谁征税的问题。

征税对象又称征税客体，是指税法规定的对什么征税，是能够区别一种税与另一种税的重要标志。

税基又称计税依据，是据以计算征税对象应纳税款的直接计数依据。税基解决对征税对象课税的计算问题，是对征税对象的量的规定。

税率是计算税额的尺度，指对征税对象的征收比例或者征收程度，是衡量税负轻重与否的重要标志。税率体现征税的深度。我国现行税率主要有比例税率、定额税率和累进税率。

比例税率是指按照单一比例的税率进行征税，常见的应用税种有增值税、企业所得税;定额税率是指按征税对象确定的计算单位,直接规定固定的税额,常见的应用税种是车船税;累进税率是将征税对象按数额大小分成若干等级,每一等级规定一个税率。

二、税种分类

按照税种征税对象的不同,可以将税种分为流转税、所得税、财产和行为税、资源税和环境保护税、特定目的税。

流转税主要是在生产流通环节中发挥作用,增值税就是最常见的流转税。

所得税主要是用来调节生产经营者的利润和个人的纯收入,常见的所得税包括企业所得税与个人所得税。

财产和行为税主要是指国家通过税收工具对某些财产和行为发挥调节作用,房产税和车船税就属于常见的财产和行为税。

资源税和环境保护税主要是国家通过税收工具调节因开发和利用自然资源差异而形成的极差收入,常见的有资源税和环境保护税。

特定目的税主要是国家为了达到特定目的,通过税收工具对特定对象和特定行为进行调节,如烟叶税。

对于跨境电商企业来说,其在日常经济活动中涉及的最主要的税种还是流转税和所得税,比如增值税、企业所得税、个人所得税、关税等。其他可能存在的小税种因公司具体的经营行为而异。

另外,跨境电商企业在境外可能会涉及境外消费国或地区的间接税,比如常见的有中国香港的利得税、欧洲 VAT❶、美国消费税等,境外间接税基于不同区域、不同国家税收法规及征收政策不一样,涉及面太广,本书不着重介绍。这一章主要介绍跨境电商企业在境内经常接触的税种。

第二节 增值税

增值税是以商品(含应税劳务、应税行为)在流转过程中产生的增值额作

---

❶ VAT:VAT 的全称是 Value Added Tax,是欧盟的一种税制,类似于中国的增值税,是一种由最终消费者支付、由卖家代收的税费,买家购买时的商品价格是已包含 VAT 税费的价格。

为征税对象而征收的一种流转税。增值税实行价外税制度，也就是增值税税负最终由消费者承担，有增值才征税，没增值不征税。增值税已经成为中国最主要的税种之一。

世界上很多国家和地区都在推广增值税，比如欧洲的 VAT。增值税之所以在世界众多国家和地区被推广，是因为增值税具备保持税收中性、普遍征收、税负负担由最终消费者承担等特点，同时还可以有效防止商品在流转过程中重复征税的问题。

一、增值税征税范围及纳税义务人

增值税是对销售货物或者提供加工、修理修配劳务以及进口货物的单位和个人根据其所实现的增值额征收的税种。增值税的征税范围包括：①销售或者进口货物；②销售劳务；③销售服务；④销售无形资产；⑤销售不动产。

对于跨境电商企业来说，常见的销售商品、向境外单位提供跨境服务，以及无形资产（如商标、著作权等）转让等经营活动都属于增值税的征税范围。

增值税的纳税义务人是指在中国境内销售货物、劳务、服务、无形资产和不动产的单位和个人。根据适用税率（征收率）以及征收管理办法的不同，增值税纳税义务人可以划分为一般纳税人和小规模纳税人。现行征收管理政策对一般纳税人实行凭票扣税、计算扣税的计税方法；对小规模纳税人实行简易的计税方法和征收管理办法。

一般纳税人和小规模纳税人划分的评判标准是纳税人年应税销售额（连续12 个月或 4 个季度）的大小和会计核算水平。纳税人年应税销售额超过财政部、国家税务总局规定的小规模纳税人标准［500 万元（含）］的，除有特殊规定外，应当办理一般纳税人登记。应税销售额没有达到一般纳税人标准的，也可以办理增值税一般纳税人资格登记。同时，需要注意的是，除国家税务总局另有规定外，增值税纳税人一经登记为一般纳税人后，不得再转为小规模纳税人。

二、增值税税率

我国现行的增值税税率设置了一档基本税率（13%）和二档低税率（9%、

6%），同时针对出口货物和财政部、国家税务总局规定的跨境应税行为实行零税率。小规模纳税人不适用税率，而是适用征收率。

基本税率 13%，主要适用于纳税人销售货物、修理修配劳务、有形动产租赁服务或者进口货物。而跨境电商企业同时有做境内销售的，内销部分适用 13% 的增值税税率。

6% 的税率主要适用于销售服务的，比如增值电信服务、金融服务、现代服务（租赁服务除外）、生活服务等。

零税率主要适用于纳税人出口货物，境内单位和个人跨境销售国务院规定范围内的服务、无形资产等。

小规模纳税人适用的征收率，法定征收率为 3%，这也是很多小企业偏向于登记成为小规模纳税人的原因，在纳税申报操作简单的同时，增值税的税负相对较低。

三、增值税应纳税税额

增值税应纳税税额有不同的计税方法，主要包括一般计税方法、简易计税方法。不同的计税方法所对应的应纳税税额计算方法也不一样。

① 一般计税方法适用于一般纳税人发生应税销售行为时。

当期增值税应纳税税额 = 当期销项税额 — 当期进项税额

= 当期销售额（不含税）× 适用税率 — 当期进项税额

② 简易计税方法适用于小规模纳税人发生应税行为以及一般纳税人发生适用简易征收的行为时。

当期增值税应纳税税额 = 当期销售额（不含税）× 征收率

四、增值税纳税申报

增值税的纳税期限分别为 1 日、3 日、5 日、10 日、15 日、1 个月或者 1 个季度。纳税人的具体纳税期限，由主管税务机关核定。

跨境电商企业普遍以月度或季度为一个纳税申报周期。以 1 个月或者 1 个季度为一个纳税期的纳税人，自期满之日起 15 日内申报纳税；其中，以 1 个季度为纳税期限的规定仅适用于小规模纳税人。

在了解了增值税纳税申报期限后，我们再来看看增值税具体申报步骤。

企业进行增值税申报前，需要先进行增值税发票数据采集，即抄税和进项发票勾选认证，以保证发票数据及时同步到增值税纳税申报系统。以深圳市电子税务局网页申报操作示例。

步骤一：增值税开票系统抄税

企业每个月在报税之前需要进入增值税发票系统，将上月开票数据进行汇总上传，以保证企业在增值税开票系统中的开票数据能够及时传递到增值税申报系统。

步骤二：进项发票采集及认证

企业每个月在报税之前需要进入增值税发票综合服务平台进行进项发票勾选认证，以保证企业进项发票数据能够及时传递到增值税申报系统。另外，企业出口产品对应的进项发票需要进行【退税勾选】，而不是【抵扣勾选】。

步骤三：增值税报表填报

① 登录申报端口。登录【国家税务总局深圳市电子税务局】—【我要办税】—【税费申报及缴纳】—【增值税及附加税费申报表（一般纳税人适用）】。

② 填写增值税附表。点击进入申报列表页面，如图3-1所示，依次填写附列资料（一）、资料（二）、资料（三）、资料（四）、资料（五）以及减免税申报明细表，选填表则根据企业经营情况据实填写，最后保存主表。

图 3-1　增值税及附加税申报表

其中，附列资料（一）主要填写销售情况及销项税额，开具发票的数据与月度开票系统数据保持一致，未开票数据根据实际销售金额填报。出口退（免）税企业对应的销售额填制在免抵退税栏目项下。附列资料（二）主要填写进项发票抵扣数据，与进项发票勾选平台数据保持一致。享受出口"免抵退"政策的企业，同时填报"增值税减免税申报明细表"。

③ 核对增值税申报主表。打开"增值税及附加税费申报表"，确认数据无误后保存主表。

④ 正式申报。点击【申报】，发送申报数据，等待系统反馈，如果数据有异常，根据系统提示查明原因，修改完后继续申报。待系统提示申报成功后，保存增值税申报表。

五、增值税税收优惠

与跨境电商行业增值税相关的优惠政策主要有增值税小规模纳税人减免增值税政策，以及跨境业务增值税的退（免）税政策。

1. 增值税小规模纳税人减免增值税政策

增值税小规模纳税人最新的优惠政策显示，增值税小规模纳税人适用 3% 征收率的应税销售收入，减按 1% 征收率征收增值税。该政策有效期递延至 2027 年 12 月 31 日。满足增值税小规模纳税人的条件的跨境电商企业，可以享受此优惠政策。

2. 跨境业务增值税的退（免）税政策

跨境业务增值税的退（免）税政策是指我国对出口货物企业实行增值税免、抵、退政策。免、抵、退政策情况如图 3-2 所示。

《中华人民共和国增值税暂行条例》规定，"纳税人出口货物，税率为零；但是，国务院另有规定的除外"。这里需要注意区分的是零税率和免税政策，零税率不同于免税，免税往往指的是某一环节免税；而零税率是指整体税负为零，最终使出口的货物以不含税的价格进入国际市场，增强本国商品在国际市场上的竞争力。

跨境业务增值税的退（免）税主要包含三种基本情况：出口免税并退税、出口免税不退税，出口不免税也不退税。

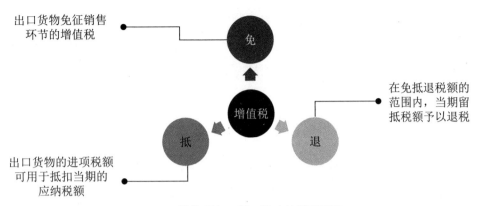

图 3-2 增值税免、抵、退政策情况图示

一般情况下，出口免税并退税政策适用于出口货物、劳务和跨境应税行为，且以往前端环节已缴纳税而需要退税的情况，常见的就是一般纳税人出口货物。

出口免税不退税适用于出口货物、劳务和跨境应税行为，且以往前端环节未缴纳过税而无须退税的情况。另外，在实际业务环节中，纳税人提供跨境应税服务，适用出口免税不退税的政策。特别需要注意的是，小规模纳税人出口货物享受的也是出口免税不退税的政策。

出口不免税也不退税适用于国家限制、禁止某些货物、劳务和跨境应税行为出口而视同内销征税的情况。在实际业务环节中，很多跨境企业在刚开始做出口退（免）税时，由于出口单据不齐全或者存在虚构出口单据的行为，企业只能遵从出口不免税也不退税政策，最终视同内销缴税。

对于跨境电商出口而言，符合条件的跨境出口业务不但在出口环节不征税，而且退还以前纳税环节已经缴纳的税款，也就是我们常说的"出口退（免）税"。

六、出口退（免）税

对于出口退（免）税，很多卖家并不陌生，有的卖家每年都能收到几百万元的出口退（免）税款，而有些卖家埋怨出口退（免）税太麻烦了，几年前的首单还一直通过不了，占用了大量资金，最后干脆不做出口退（免）税了。我们认为，现阶段大部分卖家还是值得做出口退（免）税的。一方面，通过正常报关出口退（免）税，能够解决企业财税合规性的问题；另一方面，通过出口退（免）税，还能获得一些额外的收益，从而增强企业的盈利能力。随着出口退（免）税流程的进一步优化，以及卖家基础税务知识、财税合规理念的普及，越来越多的卖家开始正常报关出口，享受出口退（免）税政策的利好。

（一）什么是出口退（免）税

出口退（免）税是指在国际贸易业务中，对我国报关出口的货物在销售环节不征税，且退还在国内各生产环节和流转环节按税法规定缴纳的增值税和消费税，即出口环节免税且退还以前纳税环节的已纳税款。

1. 出口退（免）税方式

按照税收征管对象和计算方式的区别，出口退（免）税主要有两种方式：生产型出口企业的"免抵退税"模式，外贸型出口企业的"免退税"模式。

生产型出口企业（以下简称生产企业）是指具备生产加工能力的出口企业，包含出口自产货物以及销售视同自产的货物。外贸型出口企业（以下简称外贸企业）是指不具有生产能力的出口企业。

生产企业和外贸企业出口退（免）税政策及方式的主要区别如表3-1所示。

表3-1　生产企业和外贸企业适用出口退（免）税政策的区别

项目	生产企业	外贸企业
适用政策	免抵退税办法； 免征增值税，相应的进项税额抵减应纳增值税税额，未抵减完的部分予以退还	免退税办法； 免征增值税，相应的进项税额予以退还
退税方式	生产企业是先"免"后"抵"，即出口时不需要先交税，拿出口退（免）税额去抵销应交税额。根据退税额与应交税额的差额部分，再申请退税或者缴税	外贸企业是先"征"后"退"，即在支付货款给供应商时，已经包含了增值税，供应商再以应交增值税形式进行缴纳；在满足出口退（免）税的条件时，外贸企业再申请将前期已经缴纳的增值税进行退还
退税限制	退税申报期内，一月只能进行一次退税申报	退税申报期内，一月可进行多次退税申报

2. 出口退（免）税税率

增值税出口货物在具体计算出口退（免）税额时需要根据具体情况采用规定的退税率、适用税率或者征收率，不同的产品出口退（免）税率不一样。

目前，我国出口退（免）税率包括 13%、9%、3%、0% 四档。针对国家重点管控的产品以及限制出口的产品，退税率一般较低。外贸企业从小规模纳税人购进的出口货物的退税率，可参考小规模纳税人征收率。取得增值税专用发票的，退税率按照增值税专用发票上的税率和出口货物退税率孰低的原则确定。大部分跨境电商销售的产品的退税率为 13%，少部分品类产品存在其他退税率。各产品的具体退税率可以从电子税务局或者海关官网上查询。

同时，企业在报关出口适用不同退税率的货物时，应分开报关、核算并申报退（免）税，未分开报关、核算或划分不清的，从低适用退税率。

（二）出口退（免）税范围

企业必须在满足出口退（免）税的条件下，才能够享受出口退（免）税政策。出口退（免）税的条件如下。

1. 必须是增值税、消费税征收范围内的货物

增值税、消费税的征收范围，包括除直接向农业生产者收购的免税农产品以外的所有增值税应税货物，以及烟、酒、化妆品等 11 类列举征收消费税的消费品。

之所以必须具备这一条件，是因为出口货物退（免）税只能对已经征收过增值税、消费税的货物退还或免征其已纳税额和应纳税额。未征收增值税、消费税的货物（包括国家规定免税的货物）不能退税，这充分体现了"未征不退"的原则。

2. 必须是报关离境出口的货物

离境出口，包括自营出口和委托代理出口两种形式。区别货物是否报关离境出口，是确定货物是否属于退（免）税范围的主要标准之一。凡在国内销售、不报关离境的货物，除另有规定者外，均不得视为出口货物予以退税。比如，对于在境内通过线下小金额收取现汇的交易，因其不符合离境出口条件，均不能给予退（免）税。

3. 必须是在财务上做出口销售处理的货物

出口货物只有在财务上做出口销售处理后，才能办理退（免）税。也就是说，出口退（免）税的规定只适用于贸易性的出口货物，而对非贸易性的出口货物，如捐赠的礼品、在国内个人购买并自带出境的货物、样品、展品、邮寄品等，因其一般在财务上不做销售处理，故按照现行规定不能退（免）税。

9810 模式 ❶ 刚出来时，在退税阶段遇到的难点就是，货物出口到海外仓，在财务上暂不能确认收入，只有当客户下单时才能确认收入，进而才能去申请退税。这大大地影响了企业的退税时效和操作的复杂度，增加了企业的资金压力，这也导致了在现行阶段 9810 模式适配的企业并不多。

4. 必须是已收汇并经核销的货物

按照现行规定，出口企业申请办理退（免）税的出口货物，必须是已收外汇并经外汇管理部门核销的货物，特殊情况下，视同收汇也可以申请出口退（免）税。

（三）出口退（免）税的资质申请

企业出口货物涉及货物报关、对外收汇以及退税申请等诸多环节，为了便于出口货物管理、国家外汇管理，以及企业享受出口退（免）税优惠，每个环节都需要在相关部门的备案前提下进行操作。

也就是说，企业在做出口退（免）税之前需要进行相关资质的认定，首先要成为出口型企业，即企业的经营范围要包含进出口业务；企业成为出口型企业之后，还需要在税务、海关、外汇管理局完成相关备案登记，获取"进出口经营权"资质，完成这些资质登记之后，企业就可以进行正常的报关和退税。

1. 增加经营范围

出口企业在做出口退（免）税之前，应该检查自身是否具备相应的市场主体资格，即企业需要先检查自身的经营范围，确认经营范围是不是包含货物及技术进出口业务。如果没有，需要到市场监督管理局网站增加经营范围"货物进出口、技术进出口、代理进出口"。一般申请过后，系统第二个工作日就会

---

❶ 9810 模式：跨境电商出口海外仓模式，海关监管方式代码"9810"，简称为 9810 模式。

批复。如果是新成立企业，在注册登记时就可以勾选进出口经营范围。

2. 税务备案登记

（1）一般纳税人认定。企业申请出口退（免）税的前提条件是企业是增值税一般纳税人；小规模纳税人适用的是增值税征收率，没有所谓的进项税额，也就不存在出口退（免）税的行为。

新成立的企业可以在办理税务登记的时候勾选成为增值税一般纳税人。已经是小规模纳税人的企业在财务制度健全的基础上，可以升级为增值税纳税人。

一般纳税人认定的操作步骤如下。

① 登录电子税务局官网。

② 选择【增值税一般纳税人登记】。点击【我要办税】—【综合信息报告】—【资格信息报告】，选择【增值税一般纳税人登记】，如图3-3所示。

图 3-3 增值税一般纳税人登记操作界面

③ 填写申请表。在【纳税人类别】【主营业务类别】【会计核算健全】【一般纳税人资格生效之日】选项中如实填写信息。

这里需要注意的是，申请后无法修改，特别是【一般纳税人资格生效之日】选择生效后方可在生效月勾选认证，请务必认真选择！

④ 提交申请，等待审核。完成填写表单信息并确认无误后，点击【保存】，选择无纸化办理，上传相应的备案资料，待系统审核通过，即可完成一般纳税人资格认定申请。

（2）出口退（免）税备案登记。出口退（免）税备案登记是指出口企业或其他单位首次向税务机关申报出口退（免）税时，应当向主管税务机关提供相关资料，办理出口退（免）税备案后，方可办理出口退（免）税申报。

出口退（免）税备案登记具体操作步骤如下。

① 登录电子税务局官网进行在线办理。登录电子税务局官网，选择【我要办税】—【出口退（免）税管理】—【出口退（免）税资格信息报告】，点击【在线申报】即进入办理页面。

② 企业基本信息数据采集。首先进入出口退（免）税备案数据采集页面，办理页面功能按钮包括【采集】【修改】【申报上传】，在办理页面点击【采集】，系统弹出"出口退（免）税备案采集"窗口，如实填报企业基础信息。

③ 备案信息生成及确认。在信息采集页面采集数据，其中退税开户银行及退税开户银行账号系统会自动带出，若带出内容为空，企业需手动采集，当数据采集完成后，点击【下一步】，进入信息确认页面，信息确认页面显示采集后的数据，数据只可查看不可修改。

④ 备案资料上传。确认备案信息数据无误后，点击【下一步】，进入资料上传页面；其中出口退（免）税备案表系统会自动上传，不需要企业手动上传，其他附件资料企业可以根据实际情况上传。

⑤ 备案信息采集成功。资料上传完成后，点击【下一步】，进入完成页面；系统自动生成一条出口退（免）税备案申报数据，并且在办理页面显示该条申报数据。

⑥ 备案文件申报上传。返回出口退（免）税备案数据采集页面，勾选申报文件，点击【申报上传】，将申报数据进行远程申报，并及时查看审核状态、审核信息，直至成功发放。审核失败的，在"审核流程信息"查看失败原因。

⑦ 办理结果下载。当审核状态为"已完结"，即申报成功后，可在办理页面操作列，点击【受理回执】，下载《出口退（免）税的认定通知书》。

另外，"出口退（免）税备案表"中内容发生变更的，出口企业须自变更之日起 30 日内，向主管税务机关提供相关资料，办理备案内容的变更。

如果部分企业有提供跨境应税服务，享受免税税收优惠的，也需要提前向税务机关申请备案。

3. 海关备案登记

根据《中华人民共和国海关法》的规定，进出口货物收发货人、报关企业办理报关手续，应当依法向海关备案。也就是说，企业通过办理海关报关单位备案登记获得报关权后，才能进行货物进出口贸易。

企业在办理市场监管部门市场主体登记时，可以按照要求勾选报关单位备案，并补充填写相关备案信息，同步办理报关单位备案。市场监管部门按照"多证合一"流程完成登记，并在国家市场监督管理总局层面完成与海关总署的数据共享，企业无须再向海关提交备案申请。企业未选择"多证合一"方式提交申请的，仍可通过国际贸易"单一窗口"或"互联网＋海关"提交报关单位备案申请。

以"单一窗口"为例，办理步骤如下。

（1）注册企业账户。进入中国（深圳）国际贸易单一窗口官网，点击【登录】下方的【立即注册】，可进入注册页面；选择【法人及其他组织用户】，点击【下一步】有电子口岸 IC 卡的选择有卡用户进行注册，没有电子口岸 IC 卡的选择无卡用户进行注册，如实填写单位基本信息、管理员账号信息两部分信息，填写完毕后企业即可成功注册。

（2）登录"单一窗口"系统。返回中国（深圳）国际贸易单一窗口主界面，选择【标准应用】—【企业资质】—【中国国际贸易单一窗口】，登录进入系统。

（3）身份验证。进入系统后，点击左侧菜单中【企业注册登记申请】，右侧区域展示，用户可以通过扫描工商电子营业执照微信小程序进行身份验证。

（4）企业注册登记申请。进入企业基本信息录入界面，如实录入企业基本信息，数据无误提交确认。

（5）备案申请结果查询。返回主菜单右侧区域展示区查询功能，点击【查询】—【申请单查询】，即可查看是否注册通过。

备案申请通过后，企业领取《海关进出口货物收发货人备案回执》，拥有这份回执就代表企业取得了海关登记，有了海关登记之后，产品货物可以通过海关来进行申报。

4. 国家外汇管理局备案登记

我国是受外汇管制的国家，任何个人和组织不得私自买卖外汇；出口企业也需要向国家外汇管理局备案申请，通过后，才可以在银行开立外币结算账户进行收支外汇款，没有备案的企业是不能开立外币账户的。

贸易外汇收支企业名录登记流程如下。

（1）单位法人账户注册。进入国家外汇管理局数字外管平台，点击【法人注册】，进入注册页面，如实填报基础信息，点击【注册】。

（2）出口单位名录登记。注册成功后登录，点击【行政许可】—【行政许可办理】，在经常项目收支企业核准项下选择【出口单位名录登记新办】，填写相关信息核对无误后提交即可。

（3）跟进进度。在【我的许可业务】可查看办理进度，国家外汇管理局审核材料无误后，为出口单位办理登记手续。审核通过后企业可下载保存通知书。

（四）出口退（免）税企业分类管理

为了提升出口退（免）税管理的质量和效率，税务部门会根据企业信用资质水平、税收遵从程度等情况，对出口退（免）税企业，实施分类管理，并根据企业管理类别提供差异化服务和管理。对于出口企业而言，最直观的感受是出口企业管理类别直接影响企业的出口退（免）税办税进度。

税务部门会将企业的出口退（免）税管理类别分为4类，从高到低分别为一类、二类、三类和四类。

1. 出口退（免）税审批时效

不同管理类别的出口企业的退税资料有不同的审核要点，在满足审核要求的情况下，出口退税审批时限也有时效差异，如图3-4所示。

需要注意的是，如果企业递交的退税资料不满足审核要求，主管税务机关会根据不同情况延长审批时限。

2. 出口退（免）税管理类别评判标准

主管税务机关会根据企业信用资质水平、海关信用等级、外汇管理信用等级、税收遵从程度、税务处罚情况来综合评定企业的出口退（免）税管理类别。以深圳市税务机关核定标准为例，具体内容如下。

（1）一类企业评定标准。出口企业必须同时满足以下条件才能成为一类出口企业。

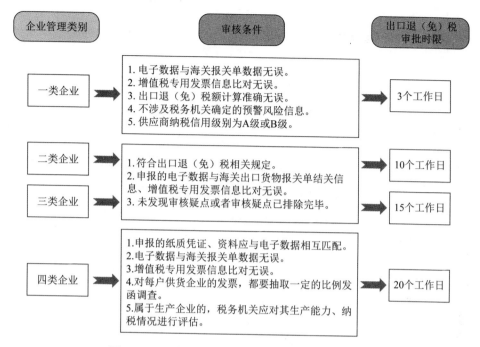

图 3-4 不同类别的企业出口退（免）税的审批时效

① 近 3 年未发生过虚开增值税专用发票或者其他增值税扣税凭证、骗取出口退（免）税行为。

② 上一年度的年末净资产大于上一年度该企业已办理出口退（免）税额的 60%。

③ 持续经营 5 年以上（因合并、分立、改制重组等原因新设立企业的情况除外）。

④ 评定时纳税信用级别为 A 级或 B 级。

⑤ 评定时海关企业信用管理类别为高级认证企业或一般认证企业。

⑥ 评定时外汇管理的分类管理等级为 A 级。

⑦ 企业内部建立了较为完善的出口退（免）税风险控制体系。

总的来说，一类企业都是信用级别比较高、经营稳定的出口企业。符合一类出口企业评定条件的纳税人，应于企业纳税信用级别评价结果确定的当月向主管税务机关报送相关资料，申请评定为一类出口企业。

（2）二类企业评定标准。一类、三类、四类出口企业以外的出口企业，其出口企业管理类别应评定为二类。大部分出口企业都属于二类出口企业。

（3）三类企业评定标准。具有下列情形之一的出口企业，其出口企业管理类别应评定为三类。

① 自首笔申报出口退（免）税之日至评定时未满 12 个月。

② 评定时纳税信用级别为 C 级、M 级或尚未评价纳税信用级别。

③ 上一年度发生过违反出口退（免）税有关规定的情形，但尚未达到税务机关行政处罚标准或司法机关处理标准的。

④ 存在主管税务机关规定的其他失信或风险情形。

需要注意的是，出口企业只要有上述行为之一，就属于三类出口企业。三类出口企业主要为刚成立的出口企业。

（4）四类企业评定标准。具有下列情形之一的出口企业，其出口企业管理类别应评定为四类。

① 评定时纳税信用级别为 D 级。

② 上一年度发生过拒绝向税务机关提供有关出口退（免）税账簿、原始凭证、申报资料、备案单证等情形。

③ 上一年度因违反出口退（免）税有关规定，被税务机关行政处罚或被司法机关处理过的。

④ 评定时企业因骗取出口退（免）税被停止出口退（免）税权，或者停止出口退（免）税权届满后未满 2 年。

⑤ 四类出口企业的法定代表人新成立的出口企业。

⑥ 列入国家联合惩戒对象的失信企业。

⑦ 海关企业信用管理类别认定为失信企业。

⑧ 外汇管理的分类管理等级为 C 级。

⑨ 存在省税务局规定的其他严重失信或风险情形。

需要注意的是，出口企业只要有上述行为之一，就被归为四类出口企业。四类出口企业税务信用等级低，税务风险高，将被强监管。

3. 出口退（免）税管理类别评判时效

出口企业管理类别年度评定工作于企业纳税信用级别评价结果确定后 1 个月内完成。

出口企业因纳税信用级别、海关企业信用管理类别、外汇管理的分类管理等级等发生变化，或者对分类管理类别评定结果有异议的，可以书面向负责评定出口企业管理类别的税务机关提出重新评定出口退（免）税分类管理类别。

出口企业可以在电子税务局【我要办税】—【出口退（免）税管理】下办理出口企业分类管理业务。

（五）出口退（免）税额的核算

外贸企业和生产企业的出口退（免）税额计算方法不一样，在这里我们分别来介绍。

1. 外贸企业出口退（免）税核算

外贸企业享受的是增值税"免退税"政策。出口退（免）税额的计算公式如下。

增值税应退税额＝增值税退（免）税计税依据 × 出口货物退税率

外贸企业增值税退（免）税计税依据为购进出口货物的增值税专用发票上注明的金额，或者为海关进口增值税专用缴款书注明的完税价格。

另外，外贸企业从小规模纳税人购进出口货物的，适用退税率与征收率从低的原则。当产品的退税率低于适用税率时，差额部分需要结转至产品的销售成本。

2. 生产企业出口退（免）税核算

生产企业享受的是增值税"免抵退税"政策。免抵退税政策下的企业出口退（免）税额计算相对复杂。出口退（免）税额的计算步骤及公式如下。

（1）计算当期应纳税额。先用出口应退税额抵减内销应纳税额，让企业通过内销少缴税的方式得到出口退（免）税的实惠。

当期应纳税额＝当期内销货物的销项税额—（当期全部进项税额—当期不得免征和抵扣税额）—上期留抵税额

其中：当期不得免征和抵扣税额＝当期出口货物离岸价 × 外汇人民币折合率 ×（出口货物适用税率—出口货物退税率）—当期免税购进原材料价格 ×（出口货物适用税率—出口货物退税率）

当期不得免征和抵扣税额的计算是为了体现部分产品退税率低于征税率的

情况，这部分差异应该计入营业成本。

如果当期应纳税额为正数，则意味着抵免完后还需缴纳增值税，不涉及退税；如果当期应纳税额为负数，则进一步计算应退税额。

（2）计算当期免抵退税额。

当期免抵退税额＝（出口货物离岸价 × 外汇人民币折合率—免税购进原材料价格）× 出口货物退税率

（3）确认出口退（免）税金额。当第一步当期应纳税额为负数时，当期期末留抵税额 = —当期应纳税额，并通过比较期末留抵税额和当期免抵退税额，计算当期应退税额。

① 当期期末留抵税额≤当期免抵退税额时，当期应退税额 = 当期期末留抵税额；当期免抵税额 = 当期免抵退税额—当期应退税额。

② 当期期末留抵税额＞当期免抵退税额时，当期应退税额 = 当期免抵退税额；当期免抵税额 =0。

生产企业出口货物"免抵退税额"应根据出口货物离岸价、出口货物退税率计算。出口货物离岸价以出口发票上的离岸价为准，一般是扣减所含保税和免税金额之后的离岸价，如果出口发票不能反映实际离岸价，主管税务机关有权予以核定。

（六）出口退（免）税申报

出口退（免）税申报是出口企业日常必不可少的一个业务环节，而现实情况中，很多中小卖家不愿意正常报关退税，他们一方面觉得出口退（免）税流程太烦琐了，另一方面潜意识地认为做合规会额外增加企业的成本。

很多卖家在做出口退（免）税的时候是踩了很多坑的，我们见过非常夸张的一个案例是，有个卖家三年前申请的出口退税一直没有审批下来。其实，最近几年国家一系列"稳外贸、促跨境电商发展"的政策出台，出口退（免）税申报流程已经大大简化，出口退（免）税的审批效率也在大大加快。那么，为什么很多企业出口退（免）税还是审批不通过呢？原因可能来自企业出口退（免）税时遇到的困境，以下是具体的困境场景。

场景一：首单申报涉及多个供应商。

场景二：换汇成本过高，订单长期亏损。

场景三：一张发票对应多张报关单。

场景四：货品已经出口，供应商无法取得发票。

场景五：货物已经报关出口，发票也已经勾选认证，发现品名错误。

场景六：报关单日期早于进货凭证日期。

上述这些场景是很多企业出口退（免）税审批异常的原因。很多企业是在递交出口退（免）税资料或者主管税务机关问询的时候，才发现申请资料存在异常。这其实是因为很多企业在做出口退（免）税前缺乏必要的规划和单证审核。

因此，我们建议企业在正式报关出口之前规划业务路径，在不影响业务的同时，尽量使得报关业务简单化，同时加强财务部门在报关之前对预报关资料及出口退（免）税的备案单证的审核。比如，有些企业的出口报关资料是财务人员在制作，财务人员可以结合出口退（免）税单证的要求制作报关资料；还有一些企业的出口报关资料是单证同事在负责制作，那么待预报关资料制作完成后，财务部门要及时审核。

货物正常报关出口之后，企业要随时关注报关单及发票状态，等收集完了出口退（免）税单据，企业就可以进行增值税出口退（免）税申报。

现阶段企业所有出口退（免）税事项均可全程网上办理。其中，出口退（免）税申报主要有以下三种渠道可以进行申报：

渠道1　通过电子税务局出口退（免）税功能进行退税申报；

渠道2　通过外贸企业离线出口退（免）税软件进行退税申报；

渠道3　通过国际贸易"单一窗口"进行退税申报。

我们以电子税务局出口退（免）税功能来进行退税申报说明。电子税务局出口退（免）税申报主要包含智能配单（报关单和增值税专用发票）、明细数据采集、退税申报和申报结果查询四大环节。

1. 智能配单

在收集完出口退（免）税单据以后，企业可以登录所属电子税务局官网，点击【我要办税】—【出口退（免）税管理】，在出口退（免）税管理中选择【出口退（免）税申报】，进入出口退（免）税列表，点击【出口货物劳务免退税申报】，选择【在线申报】；通过【在线申报】将报关单数据和进项发票数据进行匹配。这就是智能配单的过程。

（1）报关单数据获取。选择【智能配单】—【基础数据管理】—【出口货物报关单管理】，点击【报关单导入】，选择电子口岸下载并经解密后的报关单数据，点击【确认】，完成报关单导入。

报关单导入完成后，还需要进行数据检查。具体操作为：勾选数据，并点击【数据检查】，系统弹窗提示汇率配置，输入"当期汇率"，并点击【保存】。

每个报关单号前都有两个"圆点"。第一个"圆点"代表报关单不同的使用状态，红色表示报关单为未生成状态，绿色表示报关单是已生成状态；第二个"圆点"代表报关单的信息状态，红色表示报关单信息不齐，绿色表示报关单信息齐全。卖家可以根据不同的报关单状态进行不同的操作。

（2）增值税专用发票数据获取。选择【智能配单】—【基础数据管理】—【增值税专用发票管理】，发票信息由系统自动获取。

2. 明细数据采集

上文提到，出口退税申报的第一步是将进项发票和报关单进行智能配单，进项发票反映的是企业进货数据，报关单反映的则是企业的出口数据，在将进项发票和报关单匹配后，就需要匹配对应的进货明细数据和出口明细数据。

（1）生成进货明细申报表。进入明细数据采集页面，选择【明细数据采集】—【进货明细申报表】，点击【新建】，根据进项凭证的信息录入"外贸企业出口退（免）税进货明细申报表"数据。

（2）生成出口明细申报表。返回明细数据采集页面，选择【明细数据采集】—【出口明细申报表】，点击【新建】，根据报关单信息录入"外贸企业出口退（免）税出口明细申报表"数据。

3. 退税申报

进入退税申报页面，完成退税正式申报并下载打印申报表单，主要包含数据汇总、数据自检、正式申报和打印报表下载四大模块。

（1）数据汇总。明细数据采集完成后，进入退税申报页面，点击【生成申报数据】，输入正确的所属期和批次，点击【确认】即可生成申报数据。所属期为申报退税的年月共 6 位，批次为 001 ～ 999 共 3 位。需要注意的是，若申报当年出口货物，所属期（申报年月）应为当前年份＋当前月份；若申报以前年度出口货物，所属期（申报年月）为出口的年份 +12。

（2）数据自检。生成申报数据后，在【退税申报】—【数据自检】页面进行数据自检。勾选数据，点击【数据自检】。"自检情况"是系统根据生成的申报数据进行关键信息勾稽检查，如果显示疑点提示，点击具体的数字可查看详细的疑点描述。

数据自检后，在没有疑点或者没有"不允许挑过疑点"的情况下，才可以进行正式申报。若存在"不允许挑过疑点"，则需要【撤销申报数据】，根据疑点原因进入明细数据采集页面修改相应的出口 / 进货明细数据，再重新生成申报数据、进行数据自检。

（3）正式申报。数据自检通过后，在【退税申报】—【正式申报】页面上传资料并进行正式申报。并勾选数据，点击【资料上传】，企业根据要求进行相关资料上传，其中条件报送中企业没有涉及的资料无须上传。上传完毕后，点击【确认提交】，再选择需要申报的批次，进行正式申报。

（4）下载并打印申报报表。正式申报完成后，在【退税申报】—【打印报表下载】页面，勾选当前批次数据，点击【打印报表下载】，将申报表保存至本地电脑后，进行表单打印保存。

4. 申报结果查询

进入申报结果查询页面，查看申报数据的审核状态和审核流程信息，直至成功发放。如果遇到审核失败的，可以在【审核流程信息】查看失败原因，根据失败原因再做相应的处理。

出口退（免）税申报成功后，企业并不会马上收到出口退税款，这中间存在税务局的审核时效及付款周期，所以企业需要持续跟进出口退（免）税后续的进度。同时，为了便于后续出口退税单据的管理，建议企业做好"出口退（免）税进度跟踪表"登记。表 3-2 为出口退税进度跟踪表模板，供大家参考。

表 3-2　出口退税进度跟踪表

序号	申报年月	申报批次	进项发票号码	计税金额	税额	可退税额	报关单号	出口日期	合同号	审批日期	收到退税款日期	退税月份	备注
1													
2													
3													
4													

（七）出口退（免）税申报常见问题

现阶段出口退（免）税申报流程已经简化，企业只要收集完退税资料就可以进行退税申报，在日常申报过程中，大家遇到最多的问题就是报关单和发票信息异常。

1. 报关单无电子信息

先检查报关单号是否录入错误，正确的报关单号录入规则是 18 位海关编号 +0+2 位项号，共 21 位。如果是代理出口的业务，凭代理出口证明信息即可申报退税，不需要报关单信息。

以上两种基础情况简单排除后，经过数据自检仍存在疑点提示"报关单无电子信息"，无法申报退税的，可以登录中国电子口岸官网确认数据实时查询状态。当查询的报关单状态显示为"发送税务总局成功"或"税务总局接收失败"，请点击【重新发往税务总局】。

若电子口岸查询的报关单状态显示为"税务总局接收成功"，但退税系统长时间仍无电子信息的，可以登录电子税务局，手工填写无信息的报关单数据并申报，待主管税务机关审核完成后系统会自动发起补发流程。

2. 申报的发票无电子信息

首先检查发票是否未做出口退税勾选。与内销的采购增值税专用发票抵扣勾选不一样的是，需要申报出口退（免）税的进项发票，一定要做出口退税勾选，若采购的增值税专用发票未做出口退税勾选，则无法申报退税。

确认进项增值税专用发票已经进行了退税勾选以后，再查询发票状态。企业可以通过"电子税务局 — 我要查询 — 发票信息查询 — 可办理退税发票信息查询"路径，查看发票信息是否已经传输到电子税务局。

其中，发票状态与是否可以申报退税关联如下：

① 发票信息状态为已认证，则一、二类企业可以申报退税，三、四类企业无法申报退税；

② 发票信息状态为已认证 / 已稽核，则三、四类企业可以申报退税；

③ 查询界面无相关信息，则表示发票信息没有传输到退税系统，则一、二、三、四类企业都不能申报退税。

（八）出口退（免）税备案单证管理

出口退（免）税备案单证管理是国家税务总局为了规范外贸企业出口经营秩序，加强出口货物退税管理，防范骗取出口退（免）税违法活动，对出口企业出口货物退税实行的一项管理制度。

备案单证管理制度的实施，简化了主管税务机关的事前审核环节，大大优化了出口退（免）税申报流程，提高了出口退（免）税时效。

当税务机关在审核企业退税申请发现异常时，以及税务机关在退税评估、退税日常检查时，可调取企业备案单证进行检查。特别需要注意的是，企业提供虚假备案单证适用征税政策，这也就意味着如果企业提供虚假单证，不仅不能享受出口退（免）税的政策优惠，还需要视同内销进行缴税。所以，对于出口企业而言，一定要做好出口退（免）税备案单证管理。这也意味着企业在申报出口退（免）税时，不仅需要关注申报出口退（免）税资料，还需要收集关注备案单证资料。

针对出口退（免）税企业的备案单证管理，国家税务总局公告 2022 年第 9号文（以下简称 9 号公告）进行了相关规定。

1. 备案单证管理期限

纳税人应在申报出口退（免）税后 15 日内，将备案单证妥善留存，并按照申报退（免）税的时间顺序，制作出口退（免）税备案单证目录，注明单证存放方式，以备税务机关核查。除另有规定外，备案单证由出口企业存放和保管，不得擅自损毁，保存期为 5 年。

2. 备案单证内容

9 号公告对备案单证的内容进行了进一步优化，取消了传统的装货单的要求，明确了出口企业承付运费的国内运输单证为国内运输发票，增加了委托报关的单据。具体备案单证内容及要求如下：

① 出口企业的购销合同（包括出口合同、外贸综合服务合同、外贸企业购货合同、生产企业收购非自产货物出口的购货合同等）；

② 出口货物的运输单据（包括海运提单、航空运单、铁路运单、货物承运单据、邮政收据等承运人出具的货物单据，出口企业承付运费的国内运输发票，出口企业承付费用的国际货物运输代理服务费发票等）；

③ 出口企业委托其他单位报关的单据（包括委托报关协议、受托报关单位为其开具的代理报关服务费发票等）。

备案内容中的备案单证所列购进、出口货物的品名、数量、规格、单价与出口企业申报出口退（免）税资料的内容要求一致；开具的时间、货物流转的程序要求合理。

纳税人无法取得上述原始单证的，可用具有相似内容或作用的其他资料进行单证备案。

另外，需要注意的是，纳税人发生零税率跨境应税行为不实行备案单证管理。

3. 备案单证存储方式

纳税人可以自行选择纸质化、影像化或者数字化方式，留存保管备案单证。

如果选择纸质化方式，需要在出口退（免）税备案单证目录中注明备案单证的存放地点；如果选择影像化或者数字化方式存储备案单证，在税务机关按规定查验备案单证时，纳税人应按要求将影像化或者数字化备案单证转换为纸质化备案单证以供查验，并在纸质化单证上加盖企业印章并签字声明与原数据一致。

未按规定进行单证备案（因出口货物的成交方式特性，企业没有有关备案单证的情况除外）的出口货物，不得申报退（免）税，适用免税政策。已申报退（免）税的，应调整申报（用负数申报冲减原申报）。

（九）出口退（免）税函调管理

为了加强出口退（免）税管理、促进征退税工作衔接、防范和打击骗取出口退（免）税违法行为，我们可以参考国家制定了《出口货物税收函调管理办法》（已失效）。出口退（免）税函调也是税务机关核查企业出口退（免）税真实性的一种方式。

税务机关负责审核企业出口退（免）税时，如果对出口企业申报的退税所涉及的购进货物、原材料在国内涉税情况、货物流情况、资金流情况以及供货企业的产能等有疑问的，会先让出口企业自查，等出口企业自查完后，主管退税机关仍然有疑问，可向供货企业所在地的县以上国税机关发函调查。供货企业所属税务机关收到发函后，对供货企业进行查验核实，然后进行回函。出口企业的主管退税机关根据供货企业所属税务机关的回函情况，对出口企业的出口退（免）税申请进行处理。具体出口退税函调流程如图 3-5 所示。

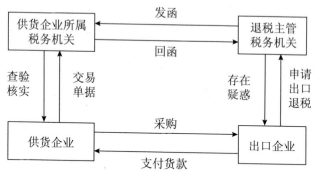

图 3-5　出口退税函调流程图

在了解了出口退税函调的业务背景后，如果遇到税务机关进行函调，企业需要准备哪些资料呢？以下是我们总结的多地主管税务机关函调所需的资料，供大家参考。需要注意的是，当企业实际遇到税务机关函调时，以主管税务机关要求提供的资料清单为准。

1. 生产企业出口自查

① 生产企业出口业务自查表；

② 出口合同、运输单据、运费发票及运费支付凭证、口岸理货费用发票及支付凭证；

③ 委托报关合同及付费发票；

④ 结汇水单；

⑤ 其他税务机关核查过程中要求提供的资料，如办公产地证明、工人花名册、工资单、社保明细、账簿、固定资产清单、加工工艺流程等。

2. 外贸企业出口自查

① 外贸企业出口业务自查表；

② 国内采购商品或委托加工的付款单据、购销或委托加工合同、运输单据及运费发票、运费支付凭证；

③ 出口合同、出口货物运输单据、运费发票及运费支付凭证、口岸理货费用发票及支付凭证；

④ 委托报关合同及付费发票；

⑤ 结汇水单；

⑥ 其他税务机关在审核中要求提供的资料，如员工花名册、工资单、社保明细、账簿凭证等。

3. 供货企业（供应商）

① 外购商品的付款单据、运输单据、运费发票、运费支付凭证、购销合同出入库单等；

② 销售商品的收款单据、运输单据、运费发票、运费支付凭证、购销合同出入库单等；

③ 委托加工合同、委托加工主要材料进项发票；

④ 其他税务机关在审核中要求提供的资料，如办公产地证明、人员名册、工资单、社保明细、账簿、固定资产清单、加工工艺流程等。

当税务机关进行函调时，其会对企业申请退税申报所涉及的所有供应商都进行函调，所以建议出口企业在有可能触发函调时，尽量选择单一的供应商进行报关退税申请。比如，出口退（免）税企业在首单报关退税时，大概率会被主管税务机关进行函调，那么首单应该尽量选择单一的供应商进行出口退（免）税申请，这样只需要对一个供应商进行函调，函调的复杂度会大大降低，退税审批的时效也会加快。

税务机关对出口企业进行函调后，最终的处理结果可分两种情况：准予企业出口退税申请和做出不予退税的处理。

若企业遇到不予退税的处理的结果，这种情况基本是供应商那边出现了异常情况，要么是供应商不回函，要么是函调过程中发现供应商存在合规问题，还有可能是发现供应商的实际经营能力与交易不相符。不管哪种情况，对于申请出口退税的企业来说，都会被其牵连。

如果税务机关给出不予退税的处理结果，对应这一单报关单，企业还未办理出口退税的暂不办理；已办理退税的，需要调整申报表，退税款需要退回；适用增值税征税政策的，还应视同内销征税处理；如果属于涉嫌骗税的，会受到进一步的处罚。

所以，企业在做出口退税的时候，需要对供应商做一定的税务规范性评估，尽量找一些自身合规程度比较高的供应商来申请出口退税。

（十）出口退（免）税账务处理

跨境电商的出口退（免）税业务的核算也是跨境电商企业账务处理的一个难点。企业可以通过设置"应交税费—应交增值税—出口退税"和"其他应收款—应收出口退税"科目来进行出口退税相关的账务核算。以外贸企业出口退税账务处理为例：

（1）采购商品。

借：存货商品

　　应交税费—应交增值税—进项税额

　　贷：应付账款

（2）计提退税款。企业每次向主管税务机关递交出口退税资料，待税务机关审批通过后，计提应收出口退税款。

借：其他应收款—应收出口退税

　　贷：应交税费—应交增值税—出口退税

（3）结转不可退税额。部分产品的退税率与其适用的增值税税率不一样，所以在退税时可能会存在差额。差额部分应做转出处理，最终结转到营业产品。

借：主营业务成本

贷：应交税费—应交增值税—进项税额转出

（4）收到退税款。企业收到退税款后，冲减"其他应收款—应收出口退税"科目；期末检查"其他应收款—应收出口退税"科目余额，期末借方余额表示企业累计已经审批通过但未到账的出口退税金额。

借：银行存款

贷：其他应收款—应收出口退税

（5）期末结转增值税。期末结转增值税余额，"应交税费—应交增值税—出口退税""应交税费—应交增值税—进项税额转出"期末无余额。

借：应交税费—应交增值税—出口退税

应交税费—应交增值税—进项税额转出

贷：应交税费—应交增值税—进项税额

第三节　企业所得税

企业所得税是对我国境内的企业和其他取得收入的组织的生产经营所得和其他所得征收的一种税。这对企业来说是最普遍适用的税，简单理解就是企业经营有利润就要缴纳企业所得税。

一、企业所得税征税范围及纳税义务人

企业所得税的征税范围从内容上看可以分为企业的生产经营所得、其他所得和清算所得，主要包括销售货物收入、提供劳务收入、转让财产收入、股息、红利等权益性投资收益，以及利息收入、租金收入、特许权使用费收入、其他收入等。从征收的空间范围来看，主要包括来源于中国境内的所得和境外的所得。

企业所得税的纳税义务人为我国境内的企业和其他取得收入的组织。个人

独资企业和合伙企业不适用企业所得税法。

缴纳企业所得税的企业又分为居民企业和非居民企业。居民企业是指依法在中国境内成立，或者依照外国（或地区）法律成立但实际管理机构在中国境内的企业，居民企业应当就其来源于中国境内、境外的所得缴纳企业所得税；非居民企业是指依照外国（或地区）法律成立且实际管理机构不在中国境内，但在中国境内设立机构、场所的企业，或者在中国境内未设立机构、场所，但有来源于中国境内所得的企业。

非居民企业所得税缴税来源分两种情况。第一种情况是非居民企业在中国境内设立机构、场所的，应当就其所设机构、场所取得的来源于中国境内的所得，以及发生在中国境外但与其所设机构、场所有实际联系的所得，缴纳企业所得税；第二种情况是非居民企业在中国境内未设立机构、场所的，或者虽设立机构、场所但取得的所得与其所设机构、场所没有实际联系的，应当就其来源于中国境内的所得缴纳企业所得税。

从居民企业和非居民企业的来源情况我们可以看出，企业所得税征税范围参考属地兼属人的原则。对于我国的跨境电商企业而言，其在境外电商平台上的销售所得属于企业所得税的征税范围。

二、企业所得税税率及应纳税税额

企业所得税的基本税率为 25% 的比例税率。企业所得税应纳税额等于企业的应纳税所得额乘以适用税率减除税收优惠政策规定的减免和抵免的税额后的余额，即

企业所得税应纳税额 = 应纳税所得额 × 税率—减免税额—抵免税额

企业所得税的计税依据是应纳税所得额，不是直接意义上的财务报表利润，更不是收入总额。

如果是采用查账征收的企业，应纳税所得额是企业每一纳税年度的收入总额减除不征税收入、免税收入、各项扣除以及允许弥补的以前年度亏损后的余额，即

应纳税所得额 = 收入总额—不征税收入—免税收入—各项扣除—允许弥补的以前年度亏损

针对部分纳税人不能够准确地核算其收入及成本费用，可以采用核定征收的方式征收企业所得税。核定征收具体又分为定率（核定应税所得率）和定额（核定应纳所得税额）两种方法。采用核定应税所得率方式征收企业所得税的，其应纳税所得额的计算公式如下。

应纳税所得额 = 应税收入额 × 应税所得率

跨境电商综合试验区核定征收政策就是采用核定应税所得率方式征收企业所得税。

针对跨境电商企业而言，需要注意的是企业所得税的可抵免税额。

① 居民企业来源于中国境外的应税所得，可以根据其在境外缴纳的所得税税额，从其当期应纳税额中抵免。

这也就意味着跨境电商企业在境外电商平台取得的收入，如果这部分收入已经在境外缴纳过所得税，为了避免双重征税，不增加企业额外的负担，企业在境内进行企业所得税申报时，可以在其当期应纳税额中根据规定进行减免。

② 居民企业从其直接或者间接控制的外国企业分得的来源于中国境外的股息、红利等权益性投资收益，外国企业在境外实际缴纳的所得税税额中属于该项所得负担的部分，可以作为该居民企业的可抵免境外所得税税额。

很多跨境电商企业会根据业务需要在业务发生地设立控股子公司，当境内的跨境电商企业后续收到其境外控股公司的股息、分红等收益时，为了避免双重征税，可以在其当期应纳税额中根据规定进行减免。

三、企业所得税纳税申报

企业所得税按年计征，按月度或者季度预缴，年终汇算清缴，并实行"多退少补"的征收制度。

按月或按季度预缴的，企业应当自月度或者季度终了之日起15日内，向税务机关报送预缴企业所得税纳税申报表，预缴税款。

年度终了结束后，企业应当自年度终了之日起5个月内，向税务机关报送年度企业所得税纳税申报表，并汇算清缴，结清应缴应退税款。

企业在年度中间终止经营活动的，应当自实际经营终止之日起60日内，向税务机关办理当期企业所得税汇算清缴。

了解了企业所得税的纳税申报周期后，再来看看企业所得税的申报流程。

1. 登录申报窗口

登录电子税务局官网，点击【我要办税】—【税费申报及缴纳】—【企业所得税申报】—【居民企业（查账征收）企业所得税月（季）度申报】，即可进入申报页面。按照核定征收的企业，在申报企业所得税之前，需要先申报企业财务报表。

2. 报表填报

申报表共分为"中华人民共和国企业所得税月（季）度预缴纳税申报表（A类）""固定资产加速折旧（扣除）优惠明细表（附表二）""企业所得税汇总纳税分支机构所得税分配表""居民企业参股外国企业信息报告表""技术成果投资入股企业所得税递延纳税备案表"5个部分。企业根据实际业务如实填报即可。如果跨境电商企业有在境外投资子公司的，需要如实填报"居民企业参股外国企业信息报告表"。

3. 政策风险查询

通过【政策风险查询】功能检查填报数据是否存在明显异常。根据【政策风险查询】的反馈结果，进一步调整申报表。在无异常风险提示后，进行正式申报。

4. 查看申报结果

进入【申报结果查询】模块查看当期所有申报结果。纳税人也可在下拉框中选择税种、申报状态、所属时期、申报日期任一查询条件进行查询。

5. 缴纳税款

企业根据实际情况，进行税款缴纳。当期应纳税额为0的，即不需要缴纳企业所得税税款；在年度汇算清缴时，企业如果存在前期季度预缴税款过多的情况，可以申请退税。

四、企业所得税税收优惠

企业所得税的优惠方式主要包括税额式减免优惠、税基式减免优惠、税率式减免优惠。

税额式减免优惠就是通过减免应纳税额来享受所得税税收优惠，如国家鼓励的集成电路设计、材料、封装、测试企业和软件企业，实行"两免三减半"的税收优惠政策。

税基式减免优惠就是通过减少企业所得税的计税基数，从而降低应纳税额的一种优惠方式。常见的有研发费用加计扣除、固定资产加速折旧等。部分跨境电商企业也能够享受这部分税收优惠政策。

由于税率式减免优惠对大部分跨境电商企业都适用，我们接下来重点讲一下。税率式减免优惠主要是通过享受企业所得税优惠税率，来降低企业所得税税额的一种优惠方式。

①国家重点扶持的高新技术企业，减按15%的税率征收企业所得税。

高新技术企业是指在国家重点支持的高新技术领域内，持续进行研究开发与技术成果转化，形成企业核心自主知识产权，并以此为基础开展经营活动，在中国境内（不包括港、澳、台地区）注册的居民企业。

部分跨境电商企业具备一定的研发设计能力，符合条件的，可以申请成为国家高新技术企业，享受企业所得税税收优惠。例如，跨境大卖安克创新、赛维时代，旗下都有国家高新技术企业享受到该税收优惠。

②符合条件的小型微利企业，减按20%的税率缴纳企业所得税。

2023年8月2日，财政部和国家税务总局发布《关于进一步支持小微企业和个体工商户发展有关税费政策的公告》，其中规定："对小型微利企业减按25%计算应纳税所得额，按20%的税率缴纳企业所得税政策，延续执行至2027年12月31日。"

小型微利企业是指从事国家非限制和禁止行业，且同时符合年度应纳税所得额不超过300万元、从业人数不超过300人、资产总额不超过5 000万元等三个条件的企业。

在现有政策的支持下，小型微利企业的实际所得税税负率为5%。而对于大部分跨境中小卖家而言，大多符合小型微利企业的标准，可以享受小型微利企业的企业所得税的税收优惠。

③跨境电子商务综合试验区零售出口企业所得税核定征收政策。

根据2019年10月26日发布的《国家税务总局关于跨境电子商务综合试验区零售出口企业所得税核定征收有关问题的公告》，为支持跨境电子商务健康发展，国家针对在跨境电子商务综合试验区内的跨境电子商务零售出口企业，符合条件的企业可享受企业所得税按照 4% 的应税所得率进行核定征收。

最值得推崇的是，此优惠政策与小型微利企业的所得税优惠政策并不冲突，即跨境电子商务综合试验区内实行核定征收的跨境电商企业符合小型微利企业优惠政策条件的，也能同时享受小型微利企业所得税优惠政策。

因此，对于前端不能取得有效进货凭证的跨境电商企业，即不能拿到进项采购发票的中小卖家，可以尝试运用这个政策。

第四节　个人所得税

个人所得税主要是以自然人取得的各类应税所得为征税对象而征收的一种所得税，该税种是国家调节个人收入的一种工具。

个人所得税的征收主要有三种模式，分别是分类征收制、综合征收制、混合征收制。我国实行的是混合征收制，即对纳税人不同来源、性质的所得先分别按照不同的税率征税，然后将全年的各项所得进行汇总征税。

一、个人所得税纳税义务人

个人所得税的纳税义务人既涉及中国公民，也涉及在中国境内取得收入的外籍人员和港澳台同胞，还涉及个体户、个人独资企业和合伙企业的个人投资者。

按照纳税人的住所和居住时间，个人所得税纳税人又可以分为居民个人和非居民个人。

居民个人为在中国境内有住所，或者无住所而一个纳税年度内在中国境内居住累计满 183 天的个人。居民个人从中国境内和境外取得的所得，都需要按规定缴纳个人所得税。

非居民个人为在中国境内无住所又不居住，或者无住所而一个纳税年度内在中国境内居住累计不满 183 天的个人。非居民个人从中国境内取得的所得，需要按规定缴纳个人所得税。

对于跨境电商企业而言，公司聘用外籍员工，外籍员工有来自中国境内的收入，那么外籍员工都属于个人所得税的征收对象。

个人所得税以所得人为纳税人，以支付所得的单位或者个人为扣缴义务人。比如，在日常工资、薪金发放涉税环节，发放工资的单位就是扣缴义务人，每个获得工资的人就是纳税人。

二、个人所得税征税范围

个人所得税（简称"个税"）以纳税人取得的各类应税所得为征税对象。纳税人的应税所得主要包含以下几大类。

1. 工资、薪金所得

工资、薪金所得是指个人因任职或受雇而取得的工资、薪金、奖金、年终加薪、劳动分红、津贴、补贴以及与任职或受雇有关的其他所得。工资、薪金所得是个税申报类型中最常见的。

2. 劳务报酬所得

劳务报酬所得是指个人提供劳务所取得的报酬。

3. 稿酬所得

稿酬所得是指个人因其作品以图书、报纸形式出版、发表而取得的所得。

4. 特许权使用费所得

特许权使用费所得是指个人提供专利权、著作权、商标权、非专利技术以及其他特许权的使用权取得的所得。

5. 经营所得

经营所得包括个体工商户的生产、经营所得和对企业事业单位的承包经营、承租经营所得。在早期，有很多卖家以个体化的形式在亚马逊开设店铺经营，这就属于经营所得的范畴。

6. 其他所得

其他所得包括利息/股息/红利所得、财产租赁所得、财产转让所得以及偶然所得。其中，偶然所得是指个人取得的所得是非经常性的，属于各种机遇性所得，包括得奖、中奖、中彩以及其他偶然性质的所得。

前四项所得统称为综合所得，按纳税年度合并计算个人所得税；纳税人取得经营所得、其他所得，依照规定分别计算个人所得税。

严格来讲，对于跨境电商行业，个人从境外收到的货款收入也属于所得税的征税范畴。如果是个人代企业收取货款，企业需要进行所得税申报；如果是以个体户的名义直接收取货款，则需要按照个人经营所得进行个税申报。

另外，基于历史原因，很多卖家并没有给员工申报个税或者申报个税的基数与实际工资、薪金数据不符，而随着员工的税务意识逐步增强，在员工离职时，存在较大的劳动纠纷和税务风险，因此建议卖家如实代扣代缴个税。

三、个人所得税税率及应纳税税额

个人所得税涉及的征税对象众多，不同所得项目的税率、计征方式和应纳税所得额都不一样。

1. 综合所得

个人的综合所得，适用 3% ～ 45% 的 7 级超额累进税率，按月或按次计征应纳税所得额，年度统一汇算清缴；其中个人综合所得包括工资、薪金所得，劳务报酬所得，稿酬所得，特许权使用费所得等。

居民个人的综合所得，以每一纳税年度的收入额减除费用 6 万元以及专项扣除、专项附加扣除和依法确定的其他扣除后的余额，为应纳税所得额。

应纳税所得额＝月度收入—5 000 元（免征额）—专项扣除—专项附加扣除—依法确定的其他扣除

其中，劳务报酬所得、稿酬所得、特许权使用费所得以收入减除 20% 的费用后的余额为收入额。稿酬所得的收入额减按 70% 计算。专项扣除包括居民个人按照国家规定的范围和标准缴纳的基本养老保险、基本医疗保险、失业保险等社会保险费和住房公积金；专项附加扣除包括子女教育、继续教育、大病医疗、住房贷款利息或者住房租金、赡养老人等支出。

非居民个人的工资、薪金所得，以每月收入额减除费用 5 000 元后的余额为应纳税所得额。劳务报酬所得、稿酬所得和特许权使用费所得，以每次收入额为应纳税所得额。

很多中小企业针对员工个人综合所得申报都偏低，实际上参考现有的优惠政策，大部分员工的个税税负成本很低。建议企业正常申报，降低企业税务风险。

2. 经营所得

个人的经营所得，适用 5% ～ 35% 的 5 级超额累进税率，如表 3-3 所示。该税率适用按年计算、分月预缴税款的个体工商户的生产、经营所得。

表 3-3　经营所得个人所得税税率表

级数	全年应纳税所得额	税率	速算扣除数 / 元
1	不超过 30 000 元的	5%	0
2	超过 30 000 元至 90 000 元的部分	10%	1 500
3	超过 90 000 元至 300 000 元的部分	20%	10 500
4	超过 300 000 元至 500 000 元的部分	30%	40 500
5	超过 500 000 元的部分	35%	65 500

经营所得，以每一纳税年度的收入总额减除成本、费用以及损失后的余额，为应纳税所得额。

应纳税额 = 应纳税所得额 × 税率—速算扣除数

应纳税所得额 = 年度收入—成本—费用—损失

如果取得经营所得的个人，没有综合所得的，在计算其每一纳税年度的应纳税所得额时，应当减除费用 60 000 元、专项扣除、专项附加扣除以及依法确定的其他扣除。

3. 其他所得

个人的其他所得包含利息 / 股息 / 红利所得、财产租赁所得、财产转让所得和偶然所得，适用 20% 的比例税率，按次计算征收个人所得税。

利息、股息、红利所得和偶然所得，以每次收入额为应纳税所得额。

财产租赁所得，每次收入不超过 4 000 元的，减除费用 800 元；4 000 元以上的，减除 20% 的费用，其余额为应纳税所得额。

财产转让所得，以转让财产的收入额减除财产原值和合理费用后的余额为应纳税所得额。

四、个人所得税纳税申报

根据个人所得税的纳税办法，个人所得税的纳税申报实行自行申报纳税和全员全额扣缴申报纳税两种方式。其中，全员全额扣缴申报纳税时，支付应税款的企业则作为扣缴业务人。

（一）全员全额扣缴申报

税法规定，扣缴义务人向个人支付应税款项时，应当按照个人所得税法的规定进行预扣或者代扣代缴，并在代扣税款的次月 15 日内，向主管税务机关进行个人所得税申报。

个人所得税全员全额扣缴的申报范围包括个人所得税征税范围中除经营所得以外的各个所得项目。

个人所得税全员全额扣缴申报可通过自然人办税服务平台网页版进行申报，也可以下载自然人电子税务局（扣缴端）进行申报。以自然人电子税务局（扣缴端）申报为例：

进入【申报表报送】界面，进行正式申报并获取申报反馈。如果反馈显示申报类型为"正常申报"，申报状态为"申报成功，未缴款"，则进行后续缴款；申报税款为 0 时，会显示无须缴款状态；若显示"申报失败"，应查看申报失败原因，调整申报表后继续申报。

1. 人员信息采集

企业按月度进行个人所得税申报，每月初登录自然人电子税务客户端，首先更新上月职工人员变化情况，填写后进行报送。

2. 专项附加扣除信息采集

企业每月在个人所得税申报前需要对员工的专项附加扣除项目进行更新，特别是针对有期限限制的附加扣除，比如房租扣除，如果房租租约到期，需要员工自行更新新的租赁合同，并选择扣缴义务人。若部分员工没有及时登记附加扣除信息，企业在月度个税申报时不能扣减相应的应纳税所得额，员工后续可以在个人所得税年度汇算清缴时自行填报附加扣除信息，综合所得汇算清缴时会针对前期预缴个税情况进行多退少补。

3. 报表填报

企业根据实际情况选择综合所得申报表、分类所得申报表。其中，综合所得涉及员工的工资、薪金所得，解除劳动合同一次性补偿金，劳务报酬等。

4. 税款计算

根据填报的综合所得、分类所得情况，进行应纳税额计算。正式发送申报表之前，核对应纳税额数据，数据无误进行正式申报。

5. 正式申报

进入【申报表报送】界面，进行正式申报并获取申报反馈。如果反馈显示申报类型为"正常申报"，申报状态为"申报成功，未缴款"，则进行后续缴款；若申报税款为0，会显示无须缴款状态；若显示"申报失败"，应查看申报失败原因，调整申报表后继续申报。

6. 税款缴纳

回到申报主页面，根据实际情况选择缴纳税款。企业可以按需通过三方协议缴款、银行端查询缴款、银联缴款三种模式进行缴纳税款。税款缴纳成功后，可以获取反馈，如果反馈提示缴款失败，需查明原因，再进行进一步的缴款，以保障企业及时缴纳税款。

（二）个人所得税年度汇算清缴

待年度终了后，纳税人需要汇总纳税年度所取得综合所得，减除法定扣除费用及专项扣除、专项附加扣除、依法确定的其他扣除和符合条件的公益慈善事业捐赠后，根据适用综合所得个人所得税税率并减去速算扣除数，计算年度汇算最终应纳税额，再减去纳税年度已预缴税额，得出应退或应补税额，向税务机关申报并办理退税或补税。计算公式如下。

应退或应补税额 =[（综合所得收入额－60 000 元－专项扣除－专项附加扣除－依法确定的其他扣除）× 适用税率－速算扣除数]－已预缴税额

其中，个人将其所得对教育、扶贫、济困等公益慈善事业进行捐赠，捐赠额未超过纳税人申报的应纳税所得额 30% 的部分，可以从其应纳税所得额中扣除。

个人所得税汇算清缴可以通过"个人所得税"APP 进行申报。年度汇算办理时间为次年的 3 月 1 日至 6 月 30 日。

另外，纳税人在纳税年度内已依法预缴个人所得税且符合下列情形之一的，无须办理年度汇算：

① 年度汇算需补税但综合所得收入全年不超过 12 万元的（这也是针对中低收入人群的税收优惠）；

② 年度汇算需补税金额不超过 400 元的；

③ 已预缴税额与年度汇算应纳税额一致的；

④ 符合年度汇算退税条件但不申请退税的。

因适用所得项目错误或者扣缴义务人未依法履行扣缴义务，造成纳税年度内少申报或者未申报综合所得的，纳税人应当依法据实办理年度汇算清缴。

同时取得综合所得和经营所得的纳税人，可在综合所得或经营所得中申报减除费用 6 万元、专项扣除、专项附加扣除以及依法确定的其他扣除，但不得重复申报减除。

第五节　跨境电商合规路径

近年来，随着跨境电商行业的快速发展，跨境电商行业慢慢从原来的"野蛮生长"过渡到相对稳定发展的阶段，卖家也越来越注重企业持续合规稳定地经营。同时，伴随着外部监管环境的变化，企业的财税合规事项也逐步被卖家提上了日程。在没有财税合规之前，跨境卖家会遇到一系列的困惑，这些困惑也反映了企业内部隐藏着一系列的财税风险。我们总结了跨境卖家常见的财税合规困惑，如图 3-6 所示。

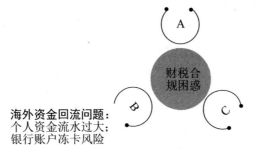

图 3-6　跨境卖家常见的财税合规困惑

一、企业风险诊断

跨境电商企业在做财税合规之前，需要了解自身的合规程度及潜在风险状况。那么，跨境电商企业怎么来评估自己的财税风险呢？我们建议企业从资金收付、经营管理、税务管理和发票管理四个维度来评判企业自身的财税风险。

1. 资金收付

检查资金是否存在资金安全及冻卡的风险，比如对公与对私之间是否无正当理由地频繁转账、个人卡是否存在短期高频向不同对象转账行为等。

2. 经营管理

检查日常经营层面是否存在重大风险，相关业务数据是否匹配，比如对私发工资、对公买社保、运费与收入的匹配问题等。

3. 税务管理

检查日常纳税申报及税务报表潜在的风险，比如纳税评级为 D、连续两年亏损、长期零申报、收入成本数据不匹配等。

4. 发票管理

现在金税四期上线后，强调"以数治税"，税务部门税务稽查的力度越来越大，增值税发票的整个流通环节管控也会越来越严。因此，企业要杜绝虚开发票的行为。

具体风险诊断事项可以参考企业财税风险自测表，如表 3-4 所示。

表 3-4　企业财税风险自测表

填表说明：各事项与评判标准相符，则得分，否则不得分。					
序号	维度	具体事项列举	评判标准	分值	实际得分
1	资金收付	是否曾被银行提示风险警示	是	10	
2		个人卡是否存在短期高频向不同的对象转账（如一天之内 10 笔以上）	是	6	
3		对公和个人之间往来流水过多	是	4	
4		是否有大量资金沉淀在第三方支付平台（1 个月的营收）	是	2	

序号	维度	具体事项列举	评判标准	分值	实际得分
5	经营管理	是否存在买单报关	是	6	
6		是否存在对私发工资，对公买社保	是	6	
7		实际控制人是不是个人股东	是	2	
8		员工数与公司业务不匹配	是	2	
9		内外账场地、人员、系统没有分离	是	2	
10		历史业务单据存档保存	是	2	
11	纳税申报	税务评级为 C/D 级	是	8	
12		是否长期零申报	是	4	
13		是否存在逾期申报	是	4	
14	税务报表	是否连续两年亏损	是	4	
15		收入成本不匹配	是	4	
16		其他应收款过大（超过实收资本）	是	2	
17		毛利率大幅度变动	是	4	
18		税账与实物差异过大（10% 以上）	是	2	
19	发票管理	是否取得虚开发票（买票）	是	14	
20		取得的发票内容与业务不匹配	是	4	
21		存在大量留抵发票	是	4	
22		一定时期内开票量突然大量增加	是	2	
23		短期内收到大量运费发票	是	2	
24	合计			100	

根据表 3-4，从不同维度进行财税风险评判，得分越高，说明企业的税务风险越高。

那么，在了解了企业内部财税风险后，该怎么进行财税合规呢？接下来我们给大家介绍跨境电商行业一些常用的合规模式。

二、常见合规模式

跨境电商行业可以根据货物出口报关模式来定义对应的财税合规模式，常见的模式有一般贸易模式、市场采购模式、保税备货模式、集货报关模式和跨境电商直接出口模式，每种模式都有其适用的场景和优缺点。

（一）一般贸易模式

一般贸易模式，海关监管方式代码"0110"，简称 0110 模式。0110 模式已经发展得比较成熟，是传统外贸 B2B 最常用的报关模式。

通过一般贸易模式正常报关，可以保障货物安全出关和资金安全回流，同时享受增值税免抵退税的优惠政策，不会增加额外的增值税税负成本。

一般贸易模式适用场景：前端供应商能开增值税专用发票，不存在敏感货物及被限制出口的货物。该模式重点在于出口退免税申报，这在前文已重点介绍过，这里不再赘述。

（二）市场采购模式

市场采购模式，海关监管方式代码"1039"，简称 1039 模式，是指由符合条件的经营者在经认定的市场集聚区内采购的、单票报关单货值不超过 15 万美元，并在指定口岸办理出口商品通关手续的贸易方式。

通过市场采购模式，卖家可以在低税负成本的前提下，将货物正常报关出口，保障资金能够完税后回流。

市场采购模式适用跨境电商企业"取不到合法的进项凭证"，即供应商不能开增值税专用发票的场景，弥补了跨境电商无票报关、税负成本过高的缺陷。

另外，市场采购模式有以下几个特点。

1. 适用特定的主体

市场采购模式的主体必须是经认定的市场集聚区内的个体工商户。市场采购模式最早在 2014 年从浙江义乌开始试点，后续逐步推广至全国各地。截至 2022 年 10 月，市场采购贸易方式试点城市区域已经增加至 39 个，常见的跨境电商聚集地都有这个优惠政策，比如浙江义乌、江苏常熟、深圳华南城、广州花都、泉州石狮、东莞大朗、河北白沟、湖北汉口、湖南高桥、成都金牛等。

2. 适用跨境电商业务场景

市场采购模式政策的初衷就是满足跨境电商这种新业态发展需求。与传统贸易相比，跨境电商交易场景呈现多品种、小批量、高频次的交易特点，如果按照正常传统报关模式审核，会影响跨境电商的运营效率，而市场采购模式通过简化归类申报，大大提高了通关效率。

3. 实现收汇创新

市场采购模式在收汇上实现了创新，突破了"谁出口、谁收汇"的限制，既可以由贸易代理公司收汇，也可以由个体工商户直接收汇。

4. 享受税收优惠

在市场采购模式下，个体户享受增值税免征不退的优惠政策，同时个人所得税实行核定征收，综合税负比较低。

市场采购模式能够解决跨境电商企业合规的一些痛点，跨境电商企业在评估是否选择市场采购模式的时候，需要重点考虑以下两个方面内容。

（1）市场采购模式要求主体是经认定的市场集聚区内的个体工商户，跨境电商需要评估真实业务的匹配度。

（2）每个地方在政策执行落地层面会有些差异，特别是每个地方对所得税核定征收的比率也不一样，对应企业的税负成本也不一样，这需要企业重点考量。

（三）保税备货模式

保税备货模式，全称"保税跨境贸易电子商务"模式，海关监管方式代码"1210"，简称1210模式。以"1210"海关监管方式开展跨境贸易电子商务零售进出口业务的电子商务企业、支付企业和物流企业应当按照规定向海关备案，并通过电子商务平台实时传送交易、支付、仓储和物流等数据。1210模式下企业的货物流如图3-7所示。

图 3-7　1210 模式下企业的货物流转路径

在 1210 模式下，跨境电商出口企业需要先将货物暂存在保税区，这会增加企业的存货压力及仓储成本。现阶段保税备货模式主要应用于跨境进口业务。

（四）其他监管模式

跨境电商行业其他的海关监管模式还有 9610、9710、9810 模式。

9610 模式，也被称为集货报关模式，海关监管方式代码"9610"。9610 模式下货物报关出口需要走专项物流通道，其适用于客单价高的小件品类。9610 模式在报关申报层面实行清单核放，汇总申报，相对传统报关模式，其报关效率大大提高。

9710 模式，即跨境电商 B2B 直接出口模式，海关监管方式代码"9710"。该模式比较适用于在境外有子公司的跨境电商卖家。

9810 模式，即跨境电商出口海外仓模式，海关监管方式代码"9810"。在 9810 模式下，跨境电商企业需要事先将海外仓进行备案登记。另外，现阶段 9810 模式下跨境电商企业的收入及退税的确认时点存在争议。

以上几种模式就是跨境电商行业常见的合规模式，我们总结了这几种报关模式的区别，如表 3-5 所示。

表 3-5　跨境电商行业常见的合规模式的区别

报关方式	适用范围	特征
0110（一般贸易）	传统 B2B 模式	传统货物报关模式
1210（保税备货模式）	主要为跨境电商进口	待售商品先进保税区再清关
9610（集货报关模式）	小包发货的跨境电商企业	需要走专线快递
1039（市场采购模式）	无进项票的跨境企业报关出口	核定征收，单票 15 万美元

续表

报关方式	适用范围	特征
9710（跨境电商 B2B 直接出口）	跨境 B2B 直接出口到境外企业	单票 5 000 元以内便利通关
9810（跨境电商出口海外仓）	跨境电商出口海外仓的货物，交易后从海外仓送达购买者	收入界定问题

在了解了跨境电商行业常见的合规报关模式之后，跨境电商企业在选择这些不同的合规模式时，可以结合跨境电商综合示范区的税收优惠政策来降低企业的综合税务成本。跨境电商综合示范区内的跨境电商企业，取得有效的进货凭证的货物，可以享受出口免抵退的税收政策；未取得有效进货凭证的货物，在满足规定的条件下，可以享受增值税、消费税免税政策；同时，企业的所得税可以实行核定征收。

综上所述，跨境电商企业在选择合规模式和方案时，不能盲目搬抄其他卖家的合规模式，需要企业结合自己现有的业务属性、业务体量、政策适配性、管理需求以及合规成本来综合评估选择。

下篇 —— 跃迁

第四章 打造企业经营改善利器：报表及分析

每个人都不可避免地要和财务打交道。财务不只是算账，也不只是管钱，它用数据记录了企业全面的经营活动，在此基础上，利用好财务分析这把利器，就能敏锐地捕捉数据背后的真相。

对于企业而言，企业的发展规模越大，财务也会越重要。为什么这么说呢？因为只有公司达到一定规模后，在日常经营风险管理过程中，财务职能才能发挥重要作用，更重要的是，原来粗放式管理会带来效益的下滑，而通过掌控财务数据可以实现精细化经营，从而增强企业的竞争力。

很多卖家也意识到了财务报表和财务分析的重要性，于是积极参加财务培训课程，去了解如何看懂报表，也学习了很多财务报表知识，但一到实际工作中就没办法具体应用了。这主要是两个原因造成的：第一，财务报表需要从财务专业角度来看，而不是从商业和生意本身来看；第二，传统的财务报表没有结合跨境行业的业务特征，使用的是通用的财务报告系统。

所以在这一章，我们将从以下三个方向来帮助卖家做好财务报表和经营分析。

（1）如何通过财务模型来量化跨境卖家的商业模型，跨境卖家应该通过哪些具体管理报表来管控经营过程和关键节点。

（2）如何建立企业经营的"仪表盘"。企业经营的"仪表盘"可以类比汽车的仪表盘，汽车的仪表盘上会有时速、转速、油量、警示灯等关键指标数据，可以反映行驶状况，保障我们安全到达目的地。

由于企业在经营过程中也会产生很多各种各样的经营数据，作为企业操盘者，我们需要及时关注企业的"时速""转速""油量""警示灯"等核心指标是否异常，从而了解目前企业的运营是否健康、未来是否具备爆发潜力。那么，企业的这些关键指标有哪些呢？另外，企业不同的发展阶段需要关注的重点也不一样，又该如何提炼企业现阶段的核心关键指标呢？这部分后续章节会详细介绍。

（3）如何改善企业的经营绩效。对于经营者而言，如何提升企业的经营绩效是每个经营者都需要解决的困惑，我们将从多赚、快跑、借力三个维度来分析，以助力企业改善经营绩效，提高企业的价值。

第一节　财务模型知胜负——跨境行业需要什么样的报表系统

在讲述跨境行业的财务模型和报表之前，我们先来了解报表到底是什么。

财务报表实际上是一种标准的商业语言。就像我们不同国家有不同的语言一样，作为商业语言，它也有自己的一套语言体系，就是报表。和不同的人沟通要用不同的语言；财务报表也一样，不同的受众目标，所使用的报表也有差别。对外部公众（如投资者、银行、税务等机构）和对内管理需要的报表体系是不一样的。常见的财务报表可以分为会计报表和管理报表。

会计报表更多是依据会计准则而编制的报表，主要是提供给企业外部相关利益者查阅的。

管理报表，顾名思义，就是以经营管理作为服务对象的财务报表。在日常财务岗位职责中，慢慢衍生出管理会计和财务 BP❶ 岗位，其对应出具的报表主要就是管理报表。我们后续讲述的是针对管理和经营需求的报表，报表分析和经营改善都是基于管理报表层面出发的。

那么，管理报表是怎么生成的呢？管理报表不是脱离业务产生的，是财务模型数据化的呈现结果，而财务模型来源于商业模型。所以，我们先从跨境电商的商业模式讲起。

一、财务模型来源于商业模型

财务模型是什么？

其实很简单，财务模型就是以数据为载体，通过报表格式描述呈现，来表达一个完整的业务背后的商业实质。它建立在商业模型的基础上，是对定性的

---

❶　财务 BP：BP 的全称是 Business Partner，指业务伙伴；财务 BP 为业务部门的日常经营活动提供财务支撑，协助业务部门完成业绩目标。

商业模型的量化。

我们以一般的亚马逊卖家为例来看他们的商业和业务模式是什么样子的，如图 4-1 所示。卖家在亚马逊平台上收到买家的订单后，可以通过卖家自己配送或者亚马逊配送的模式完成产品销售。

图 4-1　亚马逊平台销售的业务流程

在这个业务中，对于亚马逊卖家来说，需要评估这个业务是否赚钱，就会从财务角度考虑它的收入、成本和费用项目，这时候所谓的财务算法和规则（财务模型）就出来了，部分卖家核算内容如表 4-1 所示。

表 4-1　部分卖家核算内容

核算项目	核算内容
收入	平台的销售额
成本	供应商的采购成本、物流商的运费
销售费用	平台费用、运营人员工资等费用
管理费用	管理人员工资及办公等费用
财务费用	银行手续费、汇兑损益
经营利润	经营结果

仔细一看，这不就是一般财务报表中的简单版利润表吗？但从卖家的业务属性来说，这一类型的报表不是很适用。实际上，在计算这个业务的相关账目时，其计算方法也并不相同。所以，在实际业务中，很多公司根据自己的需要创造了各种各样的算法和规则。如果有些公司采取以上这种算法，至少从以下几个维度是不够科学和严谨的。

① 没有考虑资金和投入的维度。卖家做这项业务是否需要投入资金，如果需要资金投入，则需要投入多少。

② 核算项目虽然包括了收入、成本和费用，但各项目分类和业务特性是不匹配的，对管理和运营的改善没办法形成实质帮助和指导。

③ 核算的维度不足，没有分产品、店铺或者团队等维度进行核算，对经营决策的直接帮助有限。

④ 各核算项目标准值没有参考系。比如，头程、广告等费用在什么范围内算合理，其他各种费用的控制目标应该怎么定。

基于以上系统性的考虑，我们结合在跨境行业积累的经验，并经过实践检验，对跨境行业的财务模型的建立和应用形成了一套完整的框架。

二、跨境行业的财务模型的建立和应用

很多人会有个疑问，卖家在什么时候或者什么场景下才需要用到财务模型呢？我们认为，以下几种情况必须使用财务模型：①企业做年度规划和整体预算之前；②企业定期做经营复盘的时候；③企业准备新品开发或上新产品线；④企业准备成立新项目、新设店铺时。

接下来，我们基于年度规划和整体预算实施前的应用场景，以一家亚马逊卖家的实际业务为案例，来讲解如何建立财务模型以及财务模型是如何应用的。

这是一家做3C配件的亚马逊卖家，他们有5条产品线，1年营业额大概为1.6亿元。为了更好地规划次年的经营目标，我们结合他们的实际业务搭建了财务模型，如表4-2所示。

表 4-2　某跨境卖家的财务模型及经营测算表

项目（人民币万元）	产品线 1	产品线 2	产品线 3	产品线 4	产品线 5	平台支撑部门	本年合计	销售百分比
一、销售：								
回款	1 926.7	1 284.4	1 022.6	1 300.9	1 180.7			
销售收入（＋）	4 680.0	3 120.0	2 484.0	3 160.0	2 868.0		16 312.0	100.0%
二、成本：								
商品销售成本（－）	1 193.4	795.6	633.4	805.8	731.3		4 159.5	25.5%
三、毛利：	3 486.6	2 324.4	1 850.6	2 354.2	2 136.7		12 152.5	74.5%
毛利率	74.5%	74.5%	74.5%	74.5%	74.5%		74.5%	
四、运费：								
头程运费（－）	163.8	109.2	86.9	110.6	100.4	—	570.9	3.5%
五、退货：								
退款（－）	374.4	249.6	198.7	252.8	229.4	—	1 305.0	8.0%
退货产品成本（＋）	95.5	63.65	50. 7	64.5	58.5	—	332.8	
收回退款佣金（＋）	44.9	29.95	23.9	30.3	27.5	—	156.6	
付退款管理费（－）	9.0	6.0	4.8	6.1	5.5	—	31.3	
六、平台费用：								
佣金（－）	561.6	374.4	298.1	379.2	344.2	—	1 957.4	12.0%
广告费（－）	234.0	156.0	124.2	158.0	143.40	—	815.6	5.0%
FBA 尾程运费（－）	1 076.4	717.6	571.3	726.8	659.6	—	3 751.8	23.0%
测评费（－）	93.6	62.2	49.7	63.2	57.4		326.2	2.0%
活动促销费（－）	46.8	31.2	24.8	31.6	28.7		163.1	1.0%
FBA 处理费（－）	234.0	156.0	124.2	158.0	143.4		815.6	5.0%
账号月租（－）	46.8	31.2	24.8	31.6	28.7		163.1	1.0%
FBA 储存费用（－）	46.8	31.2	24.8	31.6	28.7	—	163.1	1.0%

项目（人民币万元）	产品线1	产品线2	产品线3	产品线4	产品线5	平台支撑部门	本年合计	销售百分比
FBA合仓费用（一）	46.8	31.2	24.8	31.6	28.7	—	163.1	1.0%
FBA弃置费用（一）	23.4	15.6	12.4	15.8	14.3	—	81.6	0.5%
其他费用	4.7	3.1	2.5	3.2	2.9	—	16.3	0.1%
七、边际利润：	664.9	443.3	352.9	449.0	407.5	—	2 317.61	
边际利润率	14.2%	14.2%	14.2%	14.2%	14.2%		14.2%	
八、研发费用：						100.0	100.0	0.6%
研发／销售	0.0%	0.0%	0.0%	0.0%	0.0%		0.6%	
九、平台支撑部门费用：								
财务						60.0	60.0	0.4%
人力资源及行政						100.0	100.0	0.6%
总经办						300.0	300.0	1.8%
其他部门							0.0	0.0%
平台支撑部门小计	—	—	—	—	—	460.0	460.0	2.8%
平台支撑费用／销售	0.0%	0.0%	0.0%	0.0%	0.0%		2.8%	
十、营业利润（平台费用分摊前）：	664.9	443.3	353.0	449.0	407.5	0.0	2 317.7	14.2%
减：平台分摊费用	160.7	107.1	85.3	108.5	98.5		560.0	
十一、平台费用分摊后利润：	504.2	336.2	267.7	340.5	309.0		1 757.7	
平台费用分摊后利润率	3.1%	2.1%	1.6%	2.1%	1.9%		10.8%	

　　以上是通过财务模型进行的经营结果测算。那么，从资金的角度来看，整个公司的运营情况怎么样呢？各产品线资金占用测算如表4-3所示。

表4-3 某跨境卖家资金需求模型及测算表

项目（人民币万元）	产品线1	产品线2	产品线3	产品线4	产品线5	平台支撑部门	1—12月合计
应收账款天数（DSO）	14.0	14.0	14.0	14.0	14.0		14.0
存货周转天数（DSI）	120.0	180.0	90.0	60.0	180.0		143.1
应付账款天数（DPO）	60.0	30.0	30.0	30.0	60.0		43.9
资金使用（被占用）天数	（74.0）	（164.0）	（74.0）	（44.0）	（134.0）		（113.2）
总日数							360
被应收账款占用的资金	74.9	50.0	39.8	50.6	45.9		261.2
被存货周转占用的资金	452.4	452.4	180.1	152.7	415.9		1 653.5
从应付账期挤出来的资金	198.9	66.3	52.8	67.2	121.9		507.0
资金使用（被占用）金额	（328.4）	（436.1）	（167.1）	（136.1）	（339.9）		（1 407.6）
毛利 vs 资金占用比率	10.6	5.3	11.1	17.3	6.3		8.6

从这个模型中，我们能完整地看到整体的业务面貌。

1. 从资金的投入产出角度

公司整体的运营资金投入需要1 407.65万元。这也是很多企业在建立财务模型的时候忘记考虑的，或者是不知道如何计算的。从表4-3我们可以看到，如果要算出做这项业务所需的资金（资金占用），其计算公式如下。

资金使用（被占用）金额＝被应收账款占用的资金＋被存货周转占用的资金—从应付账期挤出来的资金

需要注意的是，卖家的应收账款要扣除跨境电商平台的扣费。

2. 从经营目标和管控角度

结合亚马逊卖家的业务特征，从平台回款、收入、成本、头程运费、退款、平台佣金、广告费、尾程运费等维度看整个经营过程，并明确每项费用的大概比例和控制目标。我们将在本章第三节中详细讲述对各项费用进行管控的方法。

那么，在明确了财务模型后，接下来对于跨境卖家而言，除财务模型外，应该需要从哪些报表来看企业的经营情况呢？

三、搭建管理报表体系

管理报表是为适应企业内部经营管理的需要，向企业内部的各级管理层以定期或非定期形式提供用于企业沟通、控制、决策的各种报表。该类报表服务于企业内部的管理及经营决策人员。企业因不同的管理需求可以产生不同的管理报表。管理报表一般不需要统一规定的格式，也没有统一的指标体系。在企业日常经营决策管控过程中，管理报表体系发挥着重要作用。

① 及时了解有关经营业绩和经营情况的变化。通过搭建管理报表体系，经营管理者可以全方位、多维度地了解企业目前的经营成果及潜在风险点。

② 管理报表为企业的经营者提供管理决策的依据。相对于传统的会计报表，管理报表更多的是对已发生的会计事项进行分析和对未来潜在经济事项的预测和预算。因此，利用管理报表有助于企业管理人员从事后反映结果转向事前控制。

③ 管理报表为企业的管理考核提供依据。管理报表是日常企业管理形成闭环的重要工具，通过管理报表企业可以检查有关的管理控制手段及行动计划是否有效。

结合跨境行业业务的特殊性，我们从核算层面、资金层面、业务管控、风险管理层面搭建了基础管理报表体系，如表4-4所示。

表4-4 跨境电商企业管理报表体系

报表类型	核心报表	使用对象	周期
核算报表	经营利润表	管理层	月度、季度、年度
	销售报表	管理层、业务部	月度
	费用明细表	财务部	月度
	广告费用投入表	管理层、业务部、财务部	月度
	头程物流费用明细表	业务部、财务部	月度

报表类型	核心报表	使用对象	周期
资金报表	资金日报	管理层、财务部	每日
	资金月报	管理层、财务部	月度
	资金滚动预测表	管理层、财务部	月度、季度、年度
	资金实际与差异分析表	管理层、财务部	月度
业务报表	销售预测表	管理层、业务部、财务部	月度、季度、年度
	采购计划表	管理层、业务部、财务部	月度、季度、年度
	存货采购跟踪表	业务部	月度
	物流信息跟踪表	业务部	月度
	进销存报表	业务部、财务部	月度
风险管理报表	税务规划表	管理层、财务部	月度
	退货明细表	管理层、业务部	月度
	库龄表	管理层、业务部、财务部	月度、季度、年度
	存货盘点及差异表	管理层、业务部、财务部	月度、季度、年度
	应付账款台账	管理层、业务部、财务部	月度
	平台应收账款台账	业务部、财务部	月度

基于部分报表在其他章节有详细介绍，本节我们只选取几个跨境行业比较有代表性的表单来介绍。

1. 经营利润表

经营利润表是为企业管理和经营服务的，企业财务人员可以通过企业的财务模型以及企业的管理需求和业务需求来提炼经营利润表，每月通过及时提供经营利润表，及时准确反映企业的经营情况，为经营管理决策提供支持。

跨境电商行业由于全球性、风险性等业务特点，其核算项目、费用类型以及管理关注重点与其他行业不一样。基于此，我们提炼了跨境电商行业的经营利润表，此表适用大部分跨境电商企业，如表4-5所示。

表 4-5 跨境电商企业经营利润表

单位：万元

项目	本月						本年合计	
	A 品类		B 品类		合计			
	金额	比率	金额	比率	金额	比率	金额	比率
一、销售								
销售收入（＋）								
退货退款								
减：产品成本								
商品销售成本（－）								
减：头程								
头程运费（－）								
二、毛利								
毛利								
减：平台费用								
平台佣金								
广告费								
FBA 配送费								
促销费用								
仓储费用								
平台其他费用								
平台费用小计								
减：站外费用								
站外推广费								
减：风险计提								
存货计提准备								

项目	本月						本年合计	
	A 品类		B 品类		合计			
	金额	比率	金额	比率	金额	比率	金额	比率
减：变动薪酬								
提成奖金								
三、边际利润								
减：固定费用								
固定薪酬及福利								
房租水电								
财务费用								
日常办公费用								
固定费用小计								
四、经营利润								

2. 费用明细表

费用明细表是反映企业在一定期间内发生的财务费用及其构成情况的报表。跨境电商行业会涉及一些特殊的费用，比如商标及专利申请费、头程物流费用、报关费用、间接税费等。企业可以根据管理需求和管控重点来设置费用明细表项目，同时兼顾核算效率和项目的重要性。根据跨境电商常见的费用类型梳理的费用明细表如表 4-6 所示。卖家可以根据自己的管理需求做相应的调整，通过费用明细表，可以了解企业的费用支出情况，为企业成本费用改善提供一些视角。

3. 广告费用投入表

在日常亚马逊运营过程中，很多卖家对于运营的广告费投放是粗放式管理的，是没有管控的。亚马逊的广告运营报表数据结果显示，很多该投广告的产品没有投广告，而另外一些产品出现广告过剩，甚至投了大量无效广告。

表4-6　跨境电商企业费用明细表

费用类型	1月	2月	3月	4月	5月	6月	7月	8月	9月	10月	11月	12月	本年累计
业务费用：													
平台佣金													
广告费													
尾程费用													
仓储费													
折扣促销费													
平台其他费用													
站外推广费													
专利商标费													
差旅费用													
招待费用													
其他业务费用													
小计													
人员费用：													
基本薪酬													
提成奖金													
社保费用													
公积金													
员工福利													
其他人员费用													
小计													
日常办公费用：													
房租物业水电费													

续表

费用类型	1月	2月	3月	4月	5月	6月	7月	8月	9月	10月	11月	12月	本年累计
折旧摊销费													
咨询服务费													
财务手续费													
其他日常办公费用													
小计													
合计													

　　广告费的投入策略以及广告费的效果，也是不同跨境卖家经营效益能够拉开差距的重点事项。广告费投入表是对各月广告费用投入进行分类汇总的统计，如表4-7所示。

表4-7　广告费投入表

事业部：						周期：					
序号	平台	店铺	链接	产品	广告渠道	自然流量占比	点击率	转化率	ACOS[1]	投入金额	广告销售额
1											
2											
3											
4											

　　广告费投入表反映了运营人员对各产品、各链接的广告资源投入情况及广告的投放效果，通过对广告效果进行数据化管理，有助于运营人员逐步建立经营思维。另一方面，从粗放式运作到运营人员开始关注及实施管理，本身就是

---

[1] ACOS：亚马逊平台专业术语，是用于衡量亚马逊点击付费广告活动的指标。该指标用于比较点击付费广告活动支出与赚取的金额，帮助确定广告活动是否具有成本效益。ACOS = （广告花费 ÷ 广告收入） × 100。

一种经营改善过程。

4. 头程物流费用明细表

头程物流费用是指跨境卖家将产品从国内运输至国外仓库所产生的运输费用。头程物流费用明细表用于记录和统计发生的头程物流费用，如表4-8所示。

表4-8　头程物流费用明细表

序号	物流单号	发货日期	承运商	运输方式	起运地	目的地	头程运费金额	SKU	产品名称	数量	重量	分摊运费金额
								001				
								002				
								003				
								004				
								005				
								006				
								007				
								008				
								合计				

跨境卖家需要在物流发货后，将每票物流费用分摊至对应的SKU存货成本中，在商品出库时再进行物流成本的结转。

第二节　核心指标掌经营

对于跨境企业经营的核心指标，我们先从以下两个话题进行探讨。

话题1：评价一家企业，或者评估我们自己的企业的经营好坏的标准有哪些呢？

话题2：针对同一事务的评判，我们可能会有多维度的评判标准，那哪个标准更重要呢？比如，高、富、帅中只能选择一个，该选择高，还是富，抑或是帅？该怎么选择优先级？对标企业，企业在经营过程中会存在很多数据指标，同时企业的资源总是有限的，那么，企业更应该关注哪个指标，将资源聚焦在哪些事务上呢？

从上面两个话题中我们可以发现，评判指标影响着决策。对于企业来说，企业的核心指标反映着企业经营情况，也对企业管理的经营决策起着重大的指引作用。这就好像我们驾驶一辆汽车，要看仪表盘。但在企业经营管理中，很多的企业老板、经营者竟然没有自己的核心指标，这就如同一辆车没有仪表盘，其运营结果可想而知。

对于跨境卖家而言，如何建立自己的核心指标呢？

很多老板说，他只看业绩和净利润，业绩有增长，赚钱多就是经营得好，否则就是不好。这听起来好像很有道理，但事实真的是这样吗？如果你开车，车子现在跑得快、跑得稳，但是刹车坏了，燃油也不多，你觉得好吗？

因此，我们总结了四个维度，以此来判断一家企业的经营情况。

一、效益指标

效益指标是直接反映企业的经营结果的指标。通过效益指标，我们主要关注公司赚钱能力以及影响公司赚钱的关键要素。

对于亚马逊卖家来说，其主要关注的应该是销售额、采购成本、头程运费、尾程派送费用以及广告费等指标。

不同发展阶段的企业需要关注的效益指标不一样。比如，在快速成长期，企业关注的是销售额；在发展稳定阶段，企业更关注利润率以及利润改善指标。

在企业实际运营管理过程中，针对评估新老品的效益指标也会有所区别。新品更加关注销售额和爆款率指标，老品更加关注利润率及成本改善指标。

同时，不同品类的卖家所关注的影响效益的指标也不一样，服装类卖家会更关注尾程和退货指标，而红海品类的卖家更关注广告费指标。

二、效率指标

效率指标是反映企业单位时间里使用运营资源快慢的指标。一般企业的资源可以分为人、财、物三大类，所以看一个企业的运营效率可以从企业的人员效率、资金效率和库存效率三个方面来评估。

就跨境卖家而言，人员效率可以用人均利润贡献来衡量，部分为了冲量的卖家，可能会采用人均销售额的指标来衡量企业运营人员的效率。需要注意的是，如果企业用人均销售额来衡量企业人员效率，就不能忽视利润率指标，这是为了防止出现运营人员过度牺牲利润去冲销售额的情况。

资金效率可以用营运资金周转天数来衡量。关于营运资金周转天数的算法，我们在第一章有重点介绍，在此不再赘述。

库存效率可以用存货周转率来衡量。企业可以通过存货周转率指标来加强供应链部门与运营部门的协调，从而推动企业内部运营效率的改善。

另外，在传统行业用得比较多的应收账款周转率指标，在跨境卖家中用得很少。对于大部分卖家来说，应收账款账期都是基于各电商平台的规则，卖家基本上没有调整优化的空间。

三、风险指标

风险指标就是衡量企业经营可持续性的指标，企业需要关注经营过程中常见的风险。只有在风险可控的范围内，企业才能持续发展。

传统行业会用资产负债率、流动比率、速动比率等财务指标来衡量企业的偿债能力及风险程度，但这些指标对跨境电商行业适用吗？

答案是：这些传统财务指标对跨境电商企业适用性不高。

一方面跨境电商行业属于轻资产行业；另一方面，企业内部利润分配机制不完善，部分公司资产与实控人个人资产边际不明确，导致企业的资产负债率、流动比率并不能真实反映企业的实际抗风险能力。

结合跨境电商行业的特点，跨境电商行业常见的风险指标包括存货风险、退货退款风险等指标。其中，存货风险是所有卖家都应该重视的指标，特别是针对快速发展的卖家，对于很多经营不善的卖家，存货风险往往是压倒骆驼的最后一根稻草。对于服装类的卖家和售卖季节性产品的卖家，需要重点关注退货指标。对于铺货的卖家，还需要关注新品开发的成功率。

四、发展指标

发展指标就是用来衡量企业未来增长潜力的指标。企业的发展不仅需要考虑外部环境及机会，还需要考虑企业内部的发展潜力。企业的发展潜力一般可以从新品开发的爆款率以及新品的成长趋势来评估。

对于一些工贸一体、注重产品研发的卖家，还需要关注企业的研发投入情况；长期深耕品牌的卖家要关注品牌的影响力及客户的复购率；注重运营的卖家则需关注新链接、新站点的开拓情况。而随着新平台的崛起，对于擅长流量运作的卖家，则需关注新渠道的销售贡献及增长趋势。

在了解了跨境企业四类核心指标后，我们再来总结企业在不同阶段关注的不同重点，一般来说，企业早期更应该关注企业的效益，随着企业经营成果的积累，逐步关注企业运营效率指标，等到企业达到一定规模后，风险指标就是企业更重要的考量点了。而发展指标一直贯穿企业整个运营过程，通过发展指标，企业挖掘核心竞争力，寻找企业增量方向，并发挥自己的优势，逐步建立竞争壁垒，增强抗风险能力，从而实现企业跃迁。

总的来说，跨境卖家可以根据本企业的发展阶段、企业目标、细分品类特点、管理需求来提炼自己的核心指标。

最后，我们再根据企业的核心指标来搭建经营看板，如表4-9所示。对于企业管理而言，定期关注企业的经营看板，就能够知晓企业的整体经营情况。

这是一个比较典型的跨境企业经营看板，适合大部分跨境卖家，大家可以在此基础上结合企业的特性适当调整。

表4-9　跨境企业常用经营看板

维度	指标	当月	上月	同比	说明
效益	销售额				
	边际利润率				
	采购成本占比				
	头程运费占比				
	推广费投入占比				
	职能费用率				
效率	存货周转天数				
	人均边际利润贡献				

续表

维度	指标	当月	上月	同比	说明
风险	呆滞库存占比				
	退货率				
发展	新产品销售占比				
	新品开发成功率				
	新链接占比				

第三节 三轮驱动促发展

很多卖家说："我也看财务报表和财务指标，但还是不知道怎么把财务报表、财务指标与企业实际运作联系起来。"这就涉及这节要讲的主题，即如何通过数据指标改善经营。

首先我们从一个核心指标谈起：ROE（净资产收益率）[1]。净资产收益率通俗地理解就是投入多少本金，一年能赚多少。为什么说这个指标是核心指标呢？因为从资本和财务的角度来看，ROE 是衡量一家企业价值的核心。同时，ROE 也是大家在面对多项投资决策评估时的衡量指标。

大部分跨境卖家创业初期可用的资本金小，很多都是从很小本金做起的，所以早期 ROE 非常高，即使跨境电商行业已经过了野蛮生长的时代，但到 2022 年年底，很多卖家的 ROE 还是超过 20% 的。

这说明两个问题：第一，跨境电商行业还是红利期；第二，这种高 ROE 状态是不可持续的。过去 10 年每年 ROE 均大于 20% 的上市公司只有 20 多家，大于 30% 的没有一家。

那么，ROE 高低是由哪些因素决定的呢？在财务专业分析领域，杜邦分析体系[2] 对 ROE 进行过很好的拆解，如图 4-2 所示。

---

[1] ROE：ROE 的全称是 Return on Equity，也被称为净资产收益率，它是企业净利润与平均净资产的比率，反映所有者权益所获报酬的水平。

[2] 杜邦分析体系：利用各主要财务比率指标间的内在联系，对企业财务状况及经济效益进行综合系统分析评价的方法。

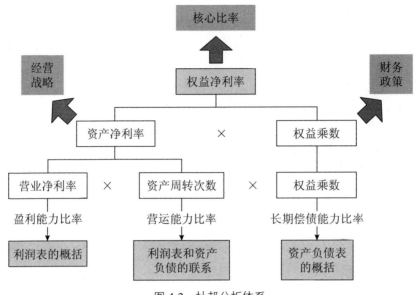

图 4-2　杜邦分析体系

权益净利率，也就是净资产收益率，权益净利率计算公式如下。

权益净利率 = 营业净利率 × 资产周转次数 × 权益乘数

营业净利率代表企业的获利能力，它指向的核心是企业的经营效益。

资产周转次数是指企业运营资产的周转速度，通俗理解为企业赚钱的速度，它指向的是效率指标。

权益乘数也称杠杆倍数。阿基米德说过："给我一个支点，我就能撬动整个地球"。从财务角度来看它就是总资产与净资产（投入的本金）的倍数。

从杜邦分析体系我们可以看出，提高企业价值（ROE）的主要路径是增加效益，提高效率，加大杠杆。接下来我们分别从效益（多赚点）、效率（跑快点）、杠杆（借点力）三个维度来分析如何提高跨境卖家的经营效益。

一、多赚点：增强盈利能力

在增强企业效益之前，我们首先要知道企业还有多少提升空间，这就需要先评估企业的赚钱能力和同行比较起来怎么样。我们先来看看跨境电商行业主要几家上市公司近年的盈利能力情况（以净利润率指标为例），如表 4-10 所示。

表4-10　跨境电商行业主要上市公司的盈利能力情况

上市公司	2022 年	2021 年	2020 年
安克创新	8.31%	8.15%	9.57%
华凯易佰	5.52%	−3.95%	−46.23%
致欧科技	4.58%	4.02%	9.58%
赛维时代	3.77%	6.25%	8.58%

一般而言，大部分中小卖家的净利润率比同行上市的公司要高一些，这部分差异主要是企业的规模和规范成本造成的。

随着近年跨境行业的上市潮兴起，对于大部分中小卖家而言，其大部分品类都能找到可比的跨境上市卖家。如果通过对标同类的上市公司，发现自己企业的净利润率还有改善空间，则可以通过以下几个方面做经营分析，从而提高企业的赚钱能力。

1. 提高销售

销售额对很多公司来说都是最重要的考量因素，卖家可以结合行业和品类的增长情况，制定合理的增长目标。对于跨境卖家来说，提高销售也有两个方向。

（1）内生性增长。通过商业模式，从流量、转化率、客单价、复购率几个维度找到销售增长点。

（2）外延式增长。通过市场分析和客户洞察，挖掘第二增长曲线。跨境卖家可以通过新品、新店铺、新团队以及新区域市场来实现销售增量。

2. 降低采购成本

采购成本是跨境卖家成本费用中比较大的一个项目，关于如何降低采购成本，在日常经营过程中，很多卖家都只是通过简单的谈判解决，但是这还远远不够。常见的降低采购成本的方法有以下几种。

（1）研发设计优化。通过研发设计优化成本构成，这是成本管理的源头。很多公司认为采购部门是成本责任部门，其实研发部门才是影响成本的最重要部门，因为研发设计决定了成本的构成。

（2）选择合格的供应商。合格的供应商会带来较低的采购成本。很多卖家都是以价格作为供应商选择的核心指标，这是不合适的。我们看一些上市的跨境卖家也是如此。供应商的选择应该是品质、交付、价格和服务综合考量的结果，谁的综合成本更低，谁才是合适的。

（3）降低采购价格。降低采购价格并不是简单地要求供应商降价，而是要结合供应商的账期、采购起订量以及交付周期等条件，和供应商做合适的交换。如果卖家资金充沛，能够现金付款，那当然可以要求供应商价格相对低一些。

3. 优化头程运费

跨境卖家货物的运输方式是多样的，有空运、快船、慢船、快递等多种物流运输方式，同时又会涉及不同物流供应商，综合导致卖家的头程方案复杂，可选择性多；而头程是公司重要的可控费用，所以优化头程运费很有必要。我们发现，大部分卖家对于各种物流方式都有使用，但物流方式的搭配结构会存在明显不合理的地方，比如在不必要的时候使用了空运物流方式，导致公司整体的头程运费很高。

那么，优化头程运费可以分三步走。

（1）看企业的空运、快船、慢船等方式的结构是否合理。当然，物流方式的合理性需要结合企业的备货逻辑一起来评估。

（2）检查头程物流方式的选择标准在企业内部是否得到有效执行。

（3）评估运费的价格是否合理。

4. 降低退货率

退货是卖家普遍面临的问题，不同品类的退货率不一样，从 3% 到 30% 的退货率都有，但具体到特定品类的退货率还是有相对范围的。

造成退货的原因，可能是产品品质的问题，也可能是客户需求和产品不匹配的问题，还有可能是客户的偏好问题。这些问题都是公司改善经营的源头，卖家要充分关注退货背后反映的问题。

对于跨境卖家来说，针对退货情况需要做到以下几点。

（1）公司要有详细退货的清单，以及相关的退货原因分析。

（2）所有类型的退货都需要及时处理，并反馈给内部相关部门，尤其是品质管理和研发部门。

（3）需要持续跟进退货改善方案的有效性，直到退货率发生改善。

5. 提高资金效益，降低财务成本

跨境卖家涉及外币种类多，资金流水大，资金存量高，合理的资金规划会给跨境卖家带来不错的资金收益。安克创新平均每年的资金收益有几千万元。卖家可以从以下两个方面来提高资金收益。

（1）做好资金计划，制订合理的理财方案。对于大部分跨境卖家，存量资金的理财收益是个不小的金额。尤其在 2022—2023 年美元不断加息的背景下，很多美元存款理财的收益都达到年化 4% 以上。

（2）合理结汇。跨境卖家存在不同币别之间的换汇，而汇率是实时变化的，汇率的波动导致不同时间点结汇的收益也不同。即使同一时间节点，在岸汇率和离岸汇率也是存在价差的，卖家可以根据需要选择不同方式结汇，这也可能带来超额收益，尤其是在人民币汇率大幅波动的情况下。

6. 控制后台管理固定费用

增强企业的盈利能力的最后一个环节就是控制中后台的固定费用，比如房租水电、行政财务人力等中后台部门办公人员的固定工资。

以办公室租金为例，一些跨境卖家为了形象工程，租了高档的写字楼，房租很贵，这其实是一种浪费。一般而言，选择什么样的办公环境，首先应该考虑对客户和业务的影响，其次考虑人才的招聘和选拔的影响。就跨境卖家而言，办公环境对客户和业务是没有实质影响的，唯一要考虑的就是招聘员工便利性和员工上下班是否方便的问题，其他都是不必要的。

二、跑快点：提高运营效率

在深圳蛇口有一个著名标语：时间就是金钱，效率就是生命。可见效率的重要性。对于企业经营来说，不仅要关注赚钱能力，还要关注赚钱效率。

很多生意可能每次赚得不多，但如果资金周转足够快，一年累计下来也赚得不少，钱大妈 ❶ 就是很好的案例。

评估运营效率的核心指标是总资产周转天数，通俗地理解，也就是一年内

---

❶　钱大妈：成立于 2012 年，是社区生鲜行业的领军品牌，以"零库存＋高效率"的经营模式运作。

企业的资产能周转几次。总资产周转天数计算公式如下。

总资产周转天数 =360/ 总资产周转率

总资产周转率 = 销售收入 / 平均总资产

我们先来看看两家跨境上市公司近年的总资产周转率数据，如表 4-11 所示。

表 4-11　跨境电商行业主要上市公司的总资产周转率

总资产周转率	2022 年	2021 年	2020 年
安克创新	1.53	1.43	1.87
赛维时代	2.08	2.48	3.22

卖家可以将自己公司和同行对标的上市公司进行比较，以了解自己公司的周转速度有没有比较优势。比较过后，很多卖家会有疑问，知道了和同行的差异，具体该如何改善呢？这就要把总资产周转率分解到具体项目，跨境卖家的总资产主要由资金、存货、应收账款构成，而资金、存货、应收账款的周转效率最终都体现在资金营运周期指标上，我们可以通过营运资金周转天数指标来衡量。

营运资金周转天数 = 应收账款周转天数 + 存货周转天数 – 应付账期周转天数

我们再来看看安克创新和赛维时代 2020—2022 年的营运资金周转天数情况，如表 4-12 所示。由表 4-12 我们可以看出，两家公司营运资金周转天数指标三年来都有所优化，但安克创新明显比赛维时代周转更快，运营效率更高。

表 4-12　2020—2022 年的营运资金周转天数

项目	安克创新			赛维时代		
	2022 年	2021 年	2020 年	2022 年	2021 年	2020 年
应收账款周转天数	29.23	28.44	26.4	15.2	13.7	16.41
应付账款周转天数	29.4	26.86	38.29	46.15	23.85	27.43
存货周转天数	73.1	81.3	92.78	172.7	167.69	206.9
营运资金周转天数	72.83	82.88	80.92	141.75	157.54	195.88

具体到跨境卖家，基于电商平台的规则，大部分卖家的应收账款周转天数差别不大，改善方法也有限。而应付账款周转天数与采购成本息息相关，一般相同的情况下，增加供应商应付账款的账龄，会导致采购成本的增加，所以缩短资金营运周期的核心在于优化存货周转天数，存货周转效率也成了跨境卖家效率管理的核心。

我们可以从以下三个方面来提升存货周转效率。

① 提高销售预测的准确性。存货备货需求来源于销售预测，事前做好销售预测，提升销售预测的准确度，是改善存货周转效率的关键。

② 完善备货逻辑。合理的备货逻辑，能够在尽量控制不缺货的风险下，保持备货成本最低。

③ 事后看分析能力，建立分析预警机制。通过对库存数据的分析，建立库存预警机制，及时处理积压库存。库存分析时需要建立多维度的数据分析，常见的有库龄分析和库销比分析。企业可以每月编制库存分析表，以便及时分析库存库龄，防止库存过度积压，从而提高存货周转效率。库龄分析表如表 4-13 所示。

表 4-13　库龄分析表

序号	SKU	名称	期末数量				动销比	安全库存
			≤3个月	3～6个月	>6个月	合计		
1								
2								
3								
4								

三、借点力：利用杠杆倍数

在介绍完赚钱能力和运营效率之后，我们还要看企业的借力能力，也就是除自己的本金之外，企业使用外部资金的能力。衡量企业借力能力的指标是权益乘数，大家通常也把这个指标称为杠杆倍数，其计算公式为：

权益乘数＝总资产／净资产

跨境卖家的杠杆倍数一般都比较低，低于 2 倍。我们先来看两家上市公司的数据，如表 4-14 所示。

表 4-14 安克创新与赛维时代杠杆倍数

杠杆倍数	2022 年	2021 年	2020 年
安克创新	1.47	1.38	1.28
赛维时代	1.62	1.77	1.78

一般企业使用杠杆的方式主要包括以下类型：①通过赊购，使用供应商的资金；②向金融机构借款；③向客户预收等（跨境卖家一般不存在这种情况）；④向债权人借款。

就跨境卖家而言，主要是通过供应商账期和银行借款两种方式来增加杠杆。

这里需要特别说明的是，很多卖家存在一个误解，认为供应商的资金成本比银行的资金成本低。因为从表面上看，卖家向银行贷款需要支付利息成本，而占用供应商的资金不需要支付利息成本。但实际上，在企业经营过程中，占用供应商的资金之所以不需要实际支付利息成本，是因为实际的采购价格已经包含了这部分资金成本，而且在绝大多数情况下，供应商的资金成本远远超过银行贷款利息成本。所以，在风险可控的前提下，使用银行资金是优于占用供应商资金的。

通过本节探讨的三个维度，我们已初步了解该从哪些方面去推动改善公司经营，也让财务分析更好地赋能公司经营。

第五章　构建企业的科学运营体系：全面预算管理

谈到预算，大家首先想到什么？是销售预测，还是经营计划，抑或是财务表单？让我们先来看看最新 ChatGPT❶ 的回答。

问：什么是预算？

ChatGPT 答：预算是一个组织或个人在一定时间内支出和收入的计划。通常情况下，预算被用来规划一个财政年度或其他特定时间段内的开支和收入，以确保可用资源被最有效地利用。预算可以用于管理个人财务，也可以用于组织、企业、政府等的财务管理。预算包括一个计划收入和支出的清单，可以用来跟踪和监控实际的收入和支出，以确保它们与预算一致。通过制定和遵循预算，一个组织或个人可以更好地控制和管理其财务状况，从而实现其财务目标。

上面这个回答，让我们对预算有了一个基本的认识。在企业中，预算具体是什么呢？跨境企业到底要不要做预算，以及如何做预算？接下来我们将好好解析这三个问题，从而真正理解和掌握企业的全面预算管理。

第一节　什么是预算

在了解什么是预算之前，我们可以先思考以下几个问题：

目标计划管理是否可以替代全面预算管理？

全面预算是否需要全员参与，为什么？

全面预算管理核心是不是财务预算，为什么？

---

❶ ChatGPT：ChatGPT 的全称是 Chat Generative Pre-trained Transformer，是美国人工智能研究实验室 OpenAI 研发的一款基于人工智能技术驱动的聊天机器人程序。它能够基于在预训练阶段所见的模式和统计规律来生成回答，还能根据聊天的上下文进行互动，真正像人类一样来聊天交流。

我们先来看权威的预算的定义是怎样的。

曾经作为全球最大的咨询服务类公司安达信的"全球最佳实际业务数据库"做出了这样的阐释：

预算是一种系统方法，用来分配企业资源（包括财务资源、实物资源和人力资源），以实现企业既定的战略目标。企业可以通过预算监控战略目标的实施进度，有助于控制开支，并预测企业的现金流量与利润。

这是市场上大家比较公认的一个关于预算的定义，应当如何正确理解呢？我们从以下 4 个方面来看。

一、预算用来实现企业既定的战略目标

预算是用来实现企业既定战略目标的，换句话说，预算服务于公司战略和目标的落地。预算管理在企业整体的运营管理中起到一个承上启下的作用。企业运营逻辑如图 5-1 所示。

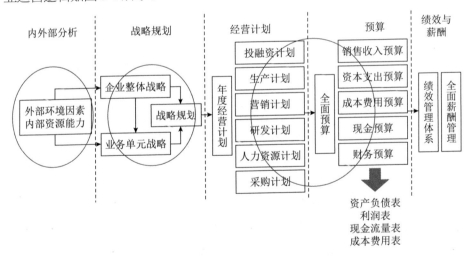

图 5-1 企业运营逻辑图

预算向上承接着公司的战略规划和经营计划，没有公司的战略规划和经营计划，预算就成了无源之水；预算向下关联着企业绩效体系，如果公司没有与预算配套相关的绩效和薪酬，预算也就不能真正地发挥作用。

在实际业务工作中，经常出现两种情况：一是预算和战略目标及计划的脱钩；二是预算和考核两套规则并行。

关于预算和战略目标及计划的脱钩，我们见过这样一个案例：某家通过线下门店和电商平台销售手表的企业，梳理出了公司的战略目标和核心竞争力，即通过跟进市场偏好做出有设计感的手表，满足年轻女性个性化需求，5年后销售额目标达到10亿元。但在看他们的预算的时候，我们发现公司对设计部门总的预算只有一个兼职人员，年度总预算投入不到20万元。一方面，把设计能力定义为公司的核心竞争力；另一方面，与设计能力相关的人力和财力投入却很少。

上述案例中的企业代表了很多公司，战略口号喊得震天响，但到了实际预算时，投入的人力和财力少之又少。所以我们经常说，评价一个人，我们不要看他说了什么，而要看他做了什么。对企业来说也是如此，"雷声大雨点小"是很多公司存在的问题。

预算和考核"两张皮"，指的是考核和预算完全无关。公司预算管理和编制是财务部门在负责，考核是人力部门在负责，两个部门各做各的，互不关联，结果就是预算很难推行。原因也很简单，从管理上看，和自己利益完全无关的事情，大家是很难关注和行动起来的。由此可见，管理的本质其实是利益与人性的问题。

二、预算可以实现企业资源分配

通过预算可以实现合理配置资源。当我们通过算账来配置资源时，首先要明确的是配置什么资源。很多人说，这很简单，不就是资金资源吗，知道钱花在哪里不就行了？但是，这只是财务资源。实际上，除了财务资源，常见的还有人力资源和实物资源。另外，配置资源还有重要的一项资源：权力。在企业内部，权力体现为关键的流程制度和权限。这是大部分预算管理理论都没有提及的，而在实践中，预算必须匹配流程和权限，否则预算管理就很容易成为空中楼阁。

总的来说，预算不仅包括财务资源、实物资源和人力资源，还包括权力这项资源。了解了预算是配置企业的哪些资源以后，如何判断资源配置是否合理呢？这可以从一个跨境卖家面对的一个管理决策说起。

公司要开拓一个产品线，所做的预算是来年的销售额可以做到1 200万元，产品成本1 000万元，费用100万元，净利润能达到100万元。请问这个新产品线是否应该开拓？

大家可以先思考是否要开拓这个新产品线，后面在第三节的预算评审环节我们会详细解答这个问题。

说回预算，是不是提前算好账，合理配置资源就结束了？其实不然，虽然编制预算花了很多时间、精力，但预算编制完成后，其实预算工作才刚刚开始。

三、预算是一个完整的管理循环工具

预算是一个完整的管理循环工具（图5-2），预算编制只是预算管理的起点。

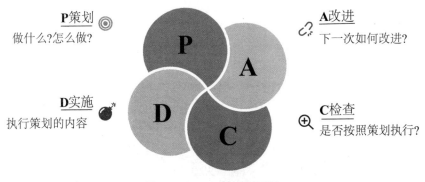

P策划 ◎
做什么？怎么做？

A改进
下一次如何改进？

D实施
执行策划的内容

C检查
是否按照策划执行？

图 5-2　PDCA 管理循环图

预算表单编制完成以后，更重要的是预算的执行、检查和改进的过程。如果没有后续预算的执行、检查和改进的过程，预算就慢慢地流于形式，变成了一堆表单，这也是"企业可以通过预算监控战略目标的实施进度，有助于控制开支，并预测企业的现金流量与利润"这句话的真正意义。

《礼记·大学》有言曰：苟日新，日日新。对一家企业来说也是如此，只有根据市场的变化不断地找出差距，改进，再行动，这样反复循环，才能朝着企业目标不断前进。

四、预算是一种科学系统方法

系统方法涉及所有部门、多环节、多维度、全要素。当然，在实际工作

中，每家企业的基础和实际情况不一样，全面预算不是一步到位的，需要不断增加影响要素、维度，不断细化管理颗粒度。

预算管理是目前国际上唯一比较成熟的系统性管理控制工具，它可以把企业的所有关键问题融合于一个体系之中，是企业执行力最重要的保障。

所以，我们给预算的一个通俗简单的定义为：预算是为了企业战略及目标细化实施，通过提前计算人、财、物、权的账，从而合理配置这些资源，并且据此监控实际执行过程，根据实际执行情况（市场和企业行为交互的结果）不断调整后续企业经营行为的过程。

第二节　跨境卖家要不要做预算

在前一节中，我们了解了什么是预算。那么，我们要不要做预算呢？世界500强、国央企每年都会做预算，那中小企业要不要做预算呢？尤其是跨境企业，在面对要不要做预算时，经常有以下这些困惑。

市场变化这么快，计划赶不上变化啊！

预算经常与实际差异较大，做起来有什么意义啊？

预算太复杂了，花太多人力和时间了，不划算啊！

预算是财务部门的事情，财务部门自己填不就好了吗？

要解决这些困惑，我们先来看到底什么情况下需要做全面预算管理。

这些年跨境行业出了很多大卖家，他们早期都发展得很快，但达到一定规模后就很容易停滞或者倒退，比如"坂田五虎"❶、棒谷科技等。为什么会出现这种情况呢？

出现这种情况绕不开的一个关键要素就是，内部运营管理的体系不足以支撑这么大规模的企业运营。所以，如果想要把企业做大，并且持续发展，全面预算管理就是必然选择；管理方法千千万，全面预算第一条。当然，如果你不想把企业做大，也不想一直做下去，更多的是短期利用资源及风口赚一波快

---

❶ "坂田五虎"：是指蓝思、泽汇、宝视佳、公狼、拣蛋网五家企业，这些企业曾经都是跨境电商领域绝对的佼佼者，是很多跨境电商卖家学习的"榜样"。因为这些企业聚集在深圳坂田区域，所以被称为"坂田五虎"。

钱，那全面预算管理推行的必要性确实不大。

一、企业管理方式的改变

这也是来源于全面预算管理的最重要的一个作用：通过预算，实现企业管理方式的彻底改变。

（一）从人治到法治

企业早期发展的时候，靠老板个人来管，决策链更多、更有效，但是企业发展到一定规模，单纯靠老板一个人来决策，老板常会心有余而力不足。其原因是：一方面，老板不可能全部了解企业各种信息和实际情况；另一方面，即使全面了解，老板个人的知识结构和经验也不能很好地处理各种问题。这时候就需要一套流程、体系和标准来辅助处理很多决策，这也就慢慢地从人治过渡到流程、体系管理，即法治。

（二）从定性判断到用数据驱动企业运营

这个很容易理解，以前公司决策凭感觉和经验来判断，现在全面预算就需要用数据说话，决策也从定性判断到数据量化驱动。

同时，有了预算以后，大家统一了认知及经营结果量化标准，能有效解决跨部门的沟通以及上下级的沟通障碍，也避免定性时"公说公有理，婆说婆有理"的情况出现。另外，预算基础可以作为绩效考核参照系。

（三）从结果导向到过程赋能

很多企业每年年末都会花大量资源来制定公司新财年的战略目标及经营计划，战略目标和经营计划制定完成以后，战略目标及经营计划到底执行得怎么样，却缺乏有效的管理及跟进，工作进展慢慢地变成像猪八戒踩西瓜皮一样，能滑到哪里就到哪里，整个战略目标的有效落地及实现都缺乏有力的保障。通过预算管理，细化战略和经营计划目标，加强经营过程管理，并持续跟进目标的完成情况，来保障战略目标与经营计划的有效执行。

另外，很多企业注重结果导向，只要结果好，过程不重要。单纯以结果来考核是一种偷懒的管理方法，也是一种不科学的管理办法。为什么这样说呢？

结果好与坏，不仅有个人努力的因素，更重要的是外部环境的影响以及公司整体资源的强弱，所以以结果论英雄对企业管理是不合适的。

对于企业来说，通过对外部环境的分析和评估，结合企业内部管理过程赋能，再加上个人的努力，才是取得好的经营结果的有效办法。

结果和资源投入也是密切相关的，投入资源多，结果自然会更好。而预算作为全面的管理方法，不仅要考虑产出，也要考虑投入。

基于以上几点，全面预算管理可以逐步让企业管理数字化、流程化、体系化和系统化。

二、企业管理理念的改变

通过预算管理实现管理理念彻底改变，即从解决问题到预防问题的出现。

《黄帝内经》中有这样一句话："上工治未病，不治已病，此之谓也。"这句话的意思是，最好的医生是在疾病出现之前预防，所谓善战者无赫赫之功。

对于企业来说，通过预算提前做经营的沙盘推演，提前发现问题，就能提前解决问题或者提前制定可能的应对策略。

分享一个这样的案例：

这家企业主要是制造车辆发动机智能冷却系统，因为客户规模都很大，给的账期很长，该客户的另外一个特点是，付款时点集中到每年的10月以后。而供应商账期很短，加上生产和存货环节也有一定的周期。公司还处在快速成长的过程中，导致公司的资金链很紧张。以前老板也知道公司会缺钱，所以公司每年都有几笔1年期的贷款，基本上都是10月申请拿到贷款，次年9月偿还贷款。

通过做资金预算，我们发现企业缺钱的周期实际上只有半年，从3月到9月，其他时间都是不缺钱的。

最后，我们建议企业把1年期的贷款改成半年期。结果是，企业的资金成本在后期运营中大幅降低了。

三、企业管理模式迭代升级

《道德经》第十八章中说："大道废，有仁义；智慧出，有大伪；六亲不和，有孝慈；国家昏乱，有忠臣。"而我每次在与人分享时，会在这后面加上一句：管理不善，有能人。

我们这些年拜访了近千家企业，发现了一个规律：一家企业如果有几个大家都知道的特别厉害的能人，他或他们能解决这家企业其他人都搞不定的事情，出现这种能人的企业，其企业管理和未来发展都不是很好。

这到底是什么因素造成的呢？其实，这主要是因为一个能人在处理其他人都搞不定的难题的背后就是不断破坏规则和体系，也意味着这家企业建立系统化、体系化的管理难度加大，而且企业对人员形成极大的依赖。这就是人治的最大弊病。

而全面预算管理则是通过流程化、数据化、系统化管理，把管理过程沉淀下来。这样一来，企业管理颗粒度可以不断细化和深入，让企业管理可迭代、可继承，并不断升级，从而不依赖某个人，把个人能力逐步内化成企业能力。当然，这是一个长期迭代的过程，不可能一蹴而就。

所以我们常说，如果一个跨境卖家只是把目前的企业当成一个短期的过渡，没有持续把企业发展做大的打算，那预算确实只会产生更多的成本和费用，短期收益甚微。但是，如果卖家希望拥有更加科学的决策体系，希望通过数据精细化管理来提升经营效益、预防经营过程中潜在经营风险、提升组织竞争力，就需要考虑实施全面预算管理。全面预算管理虽然是一个紧箍咒，但它也是卖家成功之路的必选项。

第三节　跨境卖家怎样做好预算

如果你决定为了公司的持续发展，在公司内部逐步推行预算，那我们便可以开始考虑"作为跨境卖家要怎样做预算"了。在开始实施预算之前，要提前做好以下几个事项。

① 核心管理团队必须全体学习和理解预算。若一些核心高管认为预算只是

老板和财务的事情，对预算漠不关心，最终会导致预算发挥不了作用。

② 拥有坚持做预算的决心。因为预算是个短期只能看到投入、长期才能有收益的事情。

③ 有一定的数据化基础。财务层面要能够出具正常的财务报表。业务层面对应的业务部门的应收、应付、存货需要有相应的明细数据或系统数据支持。

④ 遵守正确的程序和方法。卖家可以根据自己的商业模型提炼财务模型，再结合公司的目标、业务属性、管理需求搭建预算报表体系。

总的来说，核心管理层对预算的理解和推动，还有长期坚持的决心都是很重要的，切忌抱着急功近利、追求短期预算效果的心态去做预算。

具备了预算管理实施的前提条件后，接下来我们看看跨境电商行业的预算具体应该怎么做。我们一般把预算实施的过程分成预算准备和启动、预算编制、预算评审和签署、预算执行和检讨四步来完成。

一、预算准备和启动

预算的准备和启动工作包括确定公司的战略目标规划表、确认预算小组及成员职责、搭建财务模型及进行财务概算、制定预算工作计划表以及召开预算启动会这 5 件事，具体如下。

（一）确定战略目标规划表

本章第一节提到，预算是为战略目标服务的，如果公司没有战略目标，预算就成了无本之木。所以，在预算准备过程中，战略目标的确定是最重要的，也是最先需要解决的。

当然，战略目标的确定不是本书的重点，本书只是简单介绍。目前，在跨境行业比较流行的战略分析模型有：IBM 的 BLM 模型 ❶ 以及西方传统的波士顿矩阵、SWOT 分析及迈克波特的五力模型等。

不管选择什么样的战略模型，公司的战略核心是不变的。通俗一点来说，

---

❶ BLM 模型：BLM 的全称是 Business Leadership Model，BLM 模型是源自 IBM 2003 年研发的一套完整的战略规划方法论，通常也被称为"业务领先模型"。

战略的制定就是确定我们现在在哪里（现状）、要到哪里去（战略目标）、通过什么方式到目的地（核心竞争力）这一套管理流程。对此，我们提供了一份简要的战略目标规划表模板，如表 5-1 所示。

表 5-1　战略目标规划表模板

定位战略目标	A 点: B 点:			
	定性描述	定量目标 / 亿元		
		2023 年	2024 年	2025 年
财务战略目标	营业额			
	毛利率			
	人均利润			
业务战略目标	产品			
	渠道			
核心竞争力目标	产品研发能力			

（二）确认预算小组及成员职责

很多公司在做预算时，认为预算主要是财务部门的事，相关部门配合财务和公司完成预算工作就可以了。

但是，真的是这样吗？

从前面我们对预算的定义，可以明显看到财务部门没有这个权力也没有这种能力去合理配置人、财、物、权的资源，预算管理反而是公司和各部门负责人应该承担起来的职责。

所以，预算管理一定是所有部门都要参与的。但这里需要明确一点，所有部门参与与全员参与不是一回事，预算一定不是要全员参与的，因为配置资源的能力和权力只能是核心和关键的管理者，大部分员工并不具备这种能力，全员参与效果一定不好。

那么，预算组织应该是什么样的呢？

大公司或上市公司大多有预算委员会，预算委员会的具体架构参考图 5-3 所示。

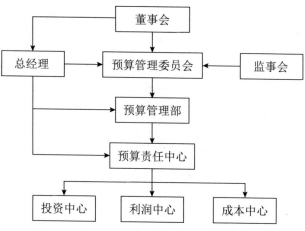

图 5-3 预算组织在企业内部组织架构中的定位

跨境行业的现状是大部分卖家还没有完善的公司治理结构。因此，在实际业务操作中，我们一般建议成立预算小组，总经理（或者老板）作组长，各部门负责人作组员，财务部或运营部负责人作副组长。预算小组的职责可以参考如下。

（1）制定预算目标。根据公司战略规划和经营目标，确定公司、部门年度预算编制的原则和具体要求，即年度预算目标。

（2）审查、平衡各部门的预算预案，分解、下达各部门预算指标。

（3）评审公司预算执行情况，并将评审结果及意见提交公司绩效考核部门作为绩效考核的依据。

（4）对公司预算调整、预算外重要事项进行审议。

（5）对在编制和执行预算过程中发生的矛盾、争议进行仲裁。

在明确了预算小组的职责后，我们再来看看在预算过程中各部门的职责，如表 5-2 所示。

（三）搭建财务模型及进行财务概算

财务部需要事先搭建财务模型并进行财务概算。搭建财务模型的目的在于

表 5-2 预算小组中各成员的职责

序号	事项	工作内容	责任部门
1	预算启动	预算启动及预算宣导	预算小组
2	预算编制	预算模板的发出及预算编制的培训	财务部
3		各部门的组织架构与人员需求计划	各部门
4		跨部门的沟通与协调	各部门
5		各部门组织预算的编制工作	各部门 / 财务部
6		预算的编制及报送给财务部	各部门
7	预算的评审	财务部对各部门预算进行初审并汇总	财务部
8		预算的第一次评审	预算小组
9		预算的第二次评审	预算小组
10		考核指标和绩效考核方案的确定	预算小组 / 人力资源部
11	各预算部门签订责任状	预算终稿完成以及签署预算责任状	预算小组
			各部门

跟踪和预测，核心在于将经营数据与财务数据相勾稽，找出关键因素，也就是找出对财务指标影响最大的变量，并基于对经营数据的跟踪预测未来的财务表现情况。

财务模型是什么？就是通过对业务的分析，以财务数据的方式完整、全面、体系化反映出来，从而更好地决策。一般的财务模型要包括以下几个部分。

（1）收入成本费用需要哪些项目分类？

（2）各项目的合理比例和控制目标是多少？

（3）要从哪几个维度来看业务，产品还是链接？

（4）如何测算这个生意需要多少资金？

在跨境行业，我们也总结了一个适合大部分跨境卖家的标准财务模型供大家参考，如表5-3所示。（也可参考本书第四章的财务模型）大家可以根据自己公司的管理颗粒度，进行简化或细化。

搭建完财务模型，接下来就是做出财务概算。财务概算一般是财务部门根据公司的战略目标以及核心管理层根据对未来的预判做出的财务测算。很多中小企业的所谓预算就只是做这个财务概算，但这只是预算的一小部分，并不是真正意义上的预算。

表5-3 跨境电商行业财务模型

项目（人民币万元）	产品线1	产品线2	产品线3	产品线4	平台支撑部门	本年合计	销售百分比
一、销售：							
销售收入（+）							
二、成本：							
商品销售成本（-）							
三、毛利：							
毛利率							
四、运费：							
头程运费（-）							
五、退货：							
退款（-）							
退货产品成本（+）							
收回退款佣金（+）							
付退款管理费（-）							
六、平台费用：							
佣金（-）							
广告费（-）							
FBA尾程运费（-）							

续表

项目（人民币万元）	产品线1	产品线2	产品线3	产品线4	平台支撑部门	本年合计	销售百分比
测评费（－）							
活动促销费（－）							
FBA处理费（－）							
账号月租（－）							
FBA储存费用（－）							
FBA合仓费用（－）							
FBA弃置费用（－）							
其他费用							
七、边际利润:							
边际利润率							
八、研发费用:							
研发/销售（%）							
九、平台支撑部门费用:							
财务							
人力资源及行政							
总经办							
其他部门							
平台支撑部门小计							
平台支撑费用/销售（%）							
十、营业利润（平台费用分摊前）:							
减：平台分摊费用							
十一、平台费用分摊后利润:							

项目（人民币万元）	产品线 1	产品线 2	产品线 3	产品线 4	平台支撑部门	本年合计	销售百分比
平台费用分摊后利润率（%）							
资金分析：							
应收账款天数（DSO）							
存货周转天数（DSI）							
应付账款天数（DPO）							
资金使用（被占用）天数							
总日数							
被应收账款占用的资金							
被存货周转占用的资金							
从应付账款挤出来的资金							
资金使用（被占用）金额							
毛利 vs 资金占用比率							

（四）制定预算工作计划表

接下来就是预算小组需要根据预算项目的主要内容确定实施时间、负责部门以及责任人并制定预算工作计划表，以便更好地沟通协调，积极有效地完成预算工作。具体预算工作事项安排参考表 5-4 所示。

（五）召开预算启动会

以上基础准备工作完成后，就要组织召开预算启动会，预算启动会是预算管理中很重要的环节。其目标主要有两个。

表 5-4 预算工作计划表

项目	主要内容	时间	负责部门	责任人
预算准备	和公司核心管理层沟通确定公司预算财务模型、目标、组织及计划表			
预算启动会	预算宣讲，成立预算小组，形成共识，并进行预算工作安排			
预算编制	预算模板的确定			
	预算编制的培训			
	各部门组织架构及人员需求计划			
	完成销售预算			
	完成采购预算			
	费用中心预算编制			
	总经办编制投融资预算			
	财务汇总业务预算，编制财务预算（利润表、资产负债表和资金报表）			
预算评审	由预算管理委员会对预算进行初步评审，确定各业务部门的核心指标			
	预算管理委员会和各部门负责人进行预算的第二次评审			
	预算管理委员会根据评审确定后的预算制定各部门核心指标和考核方案			
预算签署	各部门负责人确认预算报表及考核方案			
预算执行和检讨	实际与预算的比较和原因分析及后期策略安排			
	根据实际和预算调整后期预测			

（1）进行预算宣导，达成预算共识。通过预算宣导，促进预算小组成员内部形成预算共识。有共识，才有动力；有共识，才能形成合力；有共识，才能减少阻力。

（2）进行预算相关的计划和工作安排。一般预算启动会主要包括以下内容。

① 预算的概念和意义，核心是明确预算的重要性，让大家理解预算对于公司的意义，从而达成预算共识。

② 对公司战略目标的宣导，这一意义在于在具体预算编制过程中不要偏离公司战略目标。

③ 明确预算编制的组织安排，这就是我们前面介绍的预算组织安排和明确预算小组中各成员的职责。

④ 同步预算编制时间计划表，就是把预算实施的具体进度同步给全体预算责任人。

⑤ 明确预算编制基本流程、预算的原则、预算的编制方法及要求。

关于预算实施的编制流程方法，一般建议采用"两上两下"的方式。所谓"两上两下"的预算编制流程，是指在预算编制的过程中，通过两次上报和两次下达的方式来完成预算的编制。其具体步骤如下。

第一步：在预算启动以后，业务部门先总结今年业务情况，初步评估明年业绩预测和制定预算目标，并将初步的业绩预测和预算目标上报给管理层，这个过程即第一次上报。

第二步：管理层根据业绩预测，通过与业务部门讨论相关业务目标后，下达初步预算目标，这个过程即第一次下达。

第三步：各部门根据下达的预算目标编制详细的部门预算及行动计划，编制完成后，各部门将详细的行动计划和预算进行上报，财务部门汇总各部门预算，并编制公司整体预算，这就是第二次上报的过程。

第四步：预算小组对整体进行评审，评审通过后，下发至各部门，形成了第二次下达，至此，预算编制环节才算完成。

很多中小企业采用由上至下的预算编制流程，这是"两上两下"方式的简化版。另外，预算的原则和编制要求每个公司会有一些差异，但一些基本原则可以参考以下内容。

（1）受益性原则。该原则要求企业在编制预算的过程中，当对预算中资源分配有争议时，可以遵循"谁受益，谁承担；谁审批，谁承担"的原则。

（2）合理性与成本效益原则。该原则要求企业在编制预算的过程中，预算中的成本费用支出要尽可能合理，兼顾投入产出比。

（3）跨部门或共同费用分配。针对跨部门之间的共同费用，可以参考各部门占用的资源比例来进行分摊，比如按人数、使用面积、销售额等来分摊。

二、预算编制

完成上述预算准备工作之后，我们就开始预算编制工作了。首先需要明确预算编制的步骤。跨境企业的预算编制主要有 8 个步骤，分别是预算模板的确定、预算编制的培训、确定各部门架构及人员需求计划、完成销售预算、完成采购和成本预算、编制费用中心预算、编制投融资预算以及汇总业务预算和编制财务预算。接下来我们分别介绍编制的各个步骤。

（一）预算模板的确定

财务部需要编制预算模板，并与预算小组进行确定，如经营仪表盘、核心指标表。各部门预算模板由公司财务部以电子表格形式下发，各部门编制。

下面是我们常用的一份跨境电商行业的预算报表目录，如表 5-5 所示。每个跨境卖家的具体表单可能会有所差异，但基本的结构可以参考。

表 5-5　跨境电商企业预算报表目录

基本说明	1.0—编制说明
	1.1—预算假设
	1.2—报表项目定义及逻辑
财务模型	2.1—财务概算
经营预算	3.0—关键指标表
	3.1—店铺销售预算表
	3.1.1—店铺平台费用预算表
	3.1.2—店铺重大行动计划表
	3.2—采购预算表

经营预算	3.3—运费预算表（不含尾程）
	3.4—组织架构
	3.5—人员编制
	3.6—薪酬明细表
	3.7—费用明细表
投融资预算	4.1—投融资预算表
财务预算	5.1—预算利润表
	5.2—资金预算表

预算模版分为基本说明、财务模型、经营预算、投融资预算和财务预算五个模块。其中，第一模块包含编制说明、预算假设以及报表项目定义及逻辑；第二模块主要是在预算前提下，通过财务模型对企业经营情况进行财务概算；第三模块是针对企业经营各环节（包括销售、采购、组织人员及日常运营等）进行预算编制；第四模块是针对企业的投融资需求进行预算；第五模块是财务部门根据前端各模块预算结果编制财务预算。虽然目录比较简单，但在编制预算模板之前，我们还是建议大家结合自己企业的实际情况做一份目录，后续根据这个目录来指导预算具体表单的搭建。

（二）预算编制的培训

财务部负责对各部门进行预算编制的培训，培训的内容包括但不限于对预算表单的具体填制方法和注意事项的说明。

（三）确定各部门架构及人员需求计划

人力资源和其他各部门一起确定各部门组织架构及人员需求计划，明确薪酬及考核制度；各部门根据自己部门预算工作内容及职责确定自己部门的组织架构、人员需求计划以及与公司的绩效相关考核方案。

（四）完成销售预算

运营部门完成销售和业务费用预算以及重大行动计划。运营部门完成相关的销售预算，并完成平台费用的预算。销售预算明确责任到运营人员以及产品线，并且备注主要策略和投入，尤其是测评、广告费、产品等策略。

销售预算在编制过程中还需要明确收入确认规则，如以订单还是平台回款来确认收入，同时确定产品 SPU 和 SKU 规划及产品颗粒度，并明确销售相关的假设基础，如销售定价、汇率，广告测评等投入策略和重大行动计划以及尾程运费假设。

（五）完成采购和成本预算

供应链部门根据销售预算编制备货计划，并且完成头程运费的预算。采购部门根据备货计划完成采购和成本预算。

在采购及成本预算中，采购及成本预算主要涉及明确成本假设基础和存货周转天数目标，以及做好价格趋势预判，重点关注毛利假设分析、供应商分析、供应商付款条款匹配、头程运费假设是否合理。

（六）编制费用中心预算

各部门编制费用中心预算，费用中心预算需要细化到具体费用项目，重大项目要单独作说明。

（七）编制投融资预算

总经办编制投融资预算，包括预算期内企业有关资本性投资活动的预算，涉及企业进行规划、评价、选择、决策、实施投资活动的全过程。

（八）汇总业务预算和编制财务预算

财务部需要收集各部门预算进行汇总，并编制财务预算。财务预算主要包括预计利润表、预计资产负债表和预计现金流量表。

财务部门在编制资金预算时，资金预算应当拟定存货周转天数、应付账款周转天数目标。其中，应付账款账期要与供应商合同条款匹配，存货周转天数与存货内部管理操作匹配，否则资金预算会有很大的偏差。

三、预算评审和签署

预算编制完成后，由财务部门统一上交至预算委员会，开始进行预算评审。如有必要，企业可以邀约外部专家参与评审。预算的评审需要从 4 个维度进行：

① 预算编制与战略规划的一致性；

② 预算编制与业务发展的匹配性；

③ 预算编制与财务投入产出的合理性；

④ 预算编制与人力建设的合理性。

我们重点讲下第三点，如何从财务的角度评估预算的合理性。

前文有这样一个案例。

公司要开拓一个产品线，所做的预算是来年的销售额可以做到 1 200 万元，产品成本 1 000 万元，费用 100 万元，净利润能达到 100 万元。请问这个新产品线是否应该开拓，为什么？

很多人认为："这个还不简单吗，当然要做了，因为有钱赚啊。"如果不考虑其他角度，只是从财务角度来看，答案真的是这样的吗？

如果你认为答案是要做，就表示你还没理解真正的财务决策思维，因为你还没看到另外一个层面，就是这个项目需要投入的资金。假设这个产品线采购供应商没有账期，存货周转需要 12 个月，应收需要 6 个月，那就是要投入 1 000+600=1 600 万元，1 年赚 100 万元，年化收益率只有 100/1 600=6.25%，再考虑到经营风险，估计选择就不一样了。

这就是我们在评估预算合理性时所关注的，财务核心的判断依据是项目的投入产出比。也就是说，同样的资金投入到不同的项目上，哪个项目的产出多，就应该投资哪个项目。我们常说的优化资源配置，核心的标准就是投入产出比。

预算评审完成以后，针对不合理的部分需要进行调整，并与各部门协调达成一致，然后各部门签署各级预算执行责任书，以明确部门目标并执行，确保预算执行到位。预算责任书的主要内容包括预算指标、完成要求、奖惩措施，责任书附件包括经批准的预算文件、完成预算的具体措施等。

四、预算执行和检讨

预算编制完成以后，随着企业实际经营活动的开展，后续就涉及预算的执行和检讨。预算的执行和检讨是特别不被大家重视的环节，却也是最重要的环节。很多人误以为预算编制完成，就是预算完成了，实际上预算编制结束，是预算整个过程的起点，后续更重要的是预算的执行和检讨。

（一）预算执行

预算执行过程中，有三个核心要求。

（1）预算表中每个项目对应的要有流程和权限表及负责人。一个简化版预算执行权限表如表 5-6 所示。

表 5-6　公司关键事项权限表

公司层面	部门经理	副总监	人事	法务	财务	CEO	备注
标准合同、订单模板的制定与修改		√					
店铺设立		√			√	√	
特价审批		√			√	√	
财务相关事项权限							
资产负债表—资产账务注销					√	√	
债务注销					√	√	
员工报销	√	√			√	√	
银行或店铺账户开户、销户					√	√	
贷款合同					√	√	
知识产权合同						√	
研发技术合作合同		√				√	
生产性采购合同订单	√	√			√	√	
行政性采购合同订单	√	√			√	√	

公司层面	部门经理	副总监	人事	法务	财务	CEO	备注
租赁合同批准	✓	✓			✓	✓	
采购合同模板条款制定及修改	✓				✓	✓	
运输相关保险					✓	✓	
人事相关事项权限							
高管任命			✓			✓	
普通员工招聘	✓	✓	✓				
年度人员数目计划			✓		✓	✓	
领导培养			✓				
年度工资预算			✓		✓		
销售佣金/奖金预算		✓			✓		
员工证明			✓				

（2）预算外的开支一定对应有更严格的控制流程和审批程序。

（3）建立"没有预算就没有支出"的全员意识。有预算也不代表可以支出。很多费用可以用动支率来控制，动支率实际上是一个比率，它衡量了当实际销售额与预算的销售额有差异时，怎么来管控实际费用的支出。动支率的计算公式如下。

动支率＝（实际费用支出／预算费用支出）÷（实际销售额／预算销售额）

很多公司将动支率控制在80%，超过80%就进入预警状态了。

（二）预算执行的分析和检讨

预算执行的分析和检讨就是通过对实际执行结果与预算目标进行比较，确定是否存在执行差异，并进行分析，找出原因并做出调整。大企业很多以季度为周期进行定期的分析和评审，中小民营企业一般以月度为周期来进行复盘检讨。一般的预算执行的分析和检讨程序和步骤如下。

（1）预算负责人负责分析差距。财务部门根据实际经营结果，定期给各部门的预算负责人提供实际经营数据；各部门负责人根据实际经营数据与预算数据进行差异分析，并针对差异给予解释说明。

（2）进度分析。各预算部门定期累计计算并汇总每个月的预算执行情况，并以收入预算完成进度为起点，分析成本和费用进度，为调整计划和控制提供方向。财务部门针对即将超预算的费用或者即将达到动支率的费用支出，及时给予提示预警。

（3）分析差距原因。分析实际与预算的差距是来自市场变化还是内部因素，是可控因素还是不可控因素。针对产生差距的原因进行预算分析和检讨，提供改善方案及行动计划。预算分析检讨案例如表 5-7 所示。

表 5-7　预算分析检讨案例

预算单位 / 部门						
分析科目	结果	预算	预测	结果 / 预算差距	结果 / 预测差距	预测 / 预算差距
利润额 / 万元	25	57	57	32	32	0
分析维度	可控			不可控		
外部因素	供应商账期变长，导致毛利率下降，产品利润减少 4 万元			汇率上升导致利润增加 1.85 万元		
内部因素	销售额下降导致利润减少 25.85 万元 销售费用高，利润减少 3 万元 市场费用高，利润减少 1 万元					
改善行动计划	①做好资金规划，缩短供应商账期，成本回归正常水平； ②针对销售额降低的原因，进行进一步拆解：产品、业务员等维度，找到销售下降的原因； ③分析各销售渠道的投入产出比，减少无效销售费用及市场费用的投入					

（4）提供余下季度预测，预测的假设要包括行动计划及相关进度衡量目标。

（5）预算小组组长总结。根据各部门预算完成情况，通过差异分析的方法，评估各部门表现，为考核提供依据，为各级领导决策提供支持及建议。

（6）会议记录存档。预算执行和检讨会议纪要需存档，会议纪要的重点在行动计划、时间、计划进度衡量目标。

五、预算考核和绩效管理

很多人在实际预算推行过程中会发现预算很难实施和执行，因为大家都不关心预算，预算成为财务部和公司老板的独角戏。其原因在于：一是管理层预算意识缺失；二是其他人认为预算和他们的绩效及考核无关，所谓"事不关己，高高挂起"。

所以，一定要把预算与所有员工的绩效考核挂钩。国内现在很多跨境企业考核的核心方法还是基于提成制度，无论是将销售额、回款金额还是毛利作为提成基数，都没有和预算目标挂钩，导致预算流于形式，预算的有效性也大打折扣。

针对刚开始实施预算管理的企业，在过渡期，我们一般都建议在薪酬设计时加入预算目标达成奖的专项考核，另外就是可以针对预算偏差做单独考核。

六、预算调整控制

企业的预算一旦确定，一般不能轻易调整，但若企业各部门在预算执行过程中出现以下情况，可提出预算更改及修订申请。

（1）预算执行的差异率超出预算差异的可容忍范围，且分析情况合理，则需进行修订。

（2）发生不可预见情况（特别是市场行情的意外变化，比如2020年突然暴发的疫情，并对预算执行有重大影响），则需在发生当期及时修订预算。

各部门在申请调整预算时，必须按照预算调整程序来执行，预算调整程序如下。

（1）预算执行部门向公司预算委员会提出书面预算调整报告。预算调整报告中应包括主要财务指标的调整情况、调整原因、预计执行情况和保障措施、财务预算执行的具体情况、客观因素变化情况及其对财务预算执行造成的影响程度，这样才能更好地根据预算调整报告提出财务预算的调整幅度等。

（2）预算委员会应当对预算执行部门的预算调整报告进行审核分析。各部门发起预算调整申请后，预算委员会汇总各部门提交的预算调整申请，分析预算异常原因，编制预算变更对照表，并说明总变更数对企业目标的影响程度，形成新的预算调整方案。

预算委员会在确定预算调整方案时需遵循以下原则：预算调整事项不能偏离公司发展战略和年度财务预算目标；预算调整方案应当在经济上能够实现最优化。

（3）预算委员会与管理层对预算调整方案进行审批。预算委员会将预算调整方案报管理层进行商议审批，审批通过后，预算委员会将新的预算调整方案下达到各部门，各部门执行新预算。具体的预算调整流程如图5-4所示。

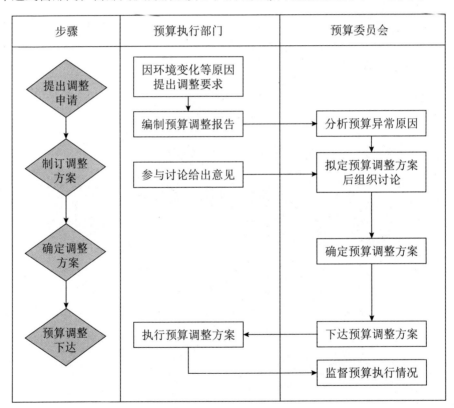

图 5-4 预算调整流程图

第六章　夯实企业行稳致远基石：企业内部控制

近几年，跨境电商行业风起云涌，曾经红极一时的一些大企业，现如今大部分没有了昔日辉煌，有些甚至已经被大家淡忘。

为什么很多跨境大卖家衰败得如此快？其实说到底，这些企业在快速发展的过程中存在很多问题，尤其是内部控制的问题，随着业绩下滑、发展停滞，很多内部控制的问题就暴露了出来，甚至一些内部控制问题直接影响公司的生死存亡。

很多企业对内部控制存在一些偏见，认为只有那些大企业才需要做内部控制，规模小的企业没必要做内部控制。其实，内部控制关注的是企业风险，企业只要面临需要管理的风险，就需要采取一定的控制措施。只是大企业内控体系更加体系化、规范化，而小企业内控关注重点与大企业不一样。任何组织，无论规模大小，都需要建立与自身属性相匹配的内控体系。

企业内控缺陷会给企业带来常见的不利后果有：

（1）企业遭受经营损失，如内控缺陷导致采购成本过高、库存积压、形成坏账损失等。

（2）企业财报信息失真，缺乏相应的内控稽核措施，导致财报相关报表勾稽关系出错，账实不符。

（3）企业出现内部舞弊，内控缺陷容易导致企业内部人员实施职务侵占，收受商业贿赂。

（4）个人垄断企业资源，企业缺乏相应的内控措施，企业的核心资源（如供应链资源、核心运营技巧、专利技术等）会被内部少数人员掌控，难以进行监督，可能出现由于个人流动而导致核心资源流失的风险。

我们来看看某网络公司早期发生的一个内控缺陷导致职务侵占的案例。

该网络公司一员工于 2015 年 8 月 1 日至 2016 年 3 月 31 日期间，利用其工作时可以修改 ERP 系统的便利，以非法占有为目的，私自在互联网上注册了 5 家国外销售交易平台，按照客户购买要求向公司订货，之后其非法获取了公司的 ERP 系统内部管理权限登录账号和密码，进入该公司的后台管理平台，将其向公司订货的订单状态由"未付款"修改为"已付款待发货"。公司按照已付款的订单将货物直接发给客户，客户将货款转入员工私人银行账户并被其侵占，致使公司已发货却未收到货款。

在上述案例中，员工便是利用公司内控漏洞，非法获取了公司的 ERP 系统内部管理权限登录账号和密码，从而进入后台管理平台篡改了订单信息。

事件发生后，该网络公司开发了"预收平台订单审核 PRD_V1.0"，该系统确保了订单在发货前资金收款的安全，实现对公司预收平台的订单资金的监控，能够有效避免上述内控风险再次发生。同时，公司通过对负责 ERP 账号开通、管理的部门及掌握 ERP 账号的员工进行专项培训，塑造内控环境，加强公司内部控制管理。

第一节　内部控制关键要素

想要搭建企业内部控制体系，我们先要了解企业内部控制的关键要素。内部控制的关键要素包括内控环境、目标设定、风险评估、风险应对、控制活动和风险监控等。

（一）内控环境

内控环境包含组织的基调，它影响组织中人员的风险意识，是企业内部控制管理的基础。内部环境因素主要包括企业的风险管理理念、风险容量、企业人员的道德价值观，以及企业管理层分配权利和职责的方式等。

一家企业的风险管理理念是一整套共同的信念和态度，它决定企业从战略制定和执行到日常的活动中，是如何考虑风险的。同时，企业的风险管理理念也反映在管理经营决策过程中的每一件事情上。它可以通过公司的书面政策、行为准则、业绩指标和例行报告来强化这种理念。与其他管理方法一样，企业只有对内部控制形成正确的认识，才能真正有效地应用内部控制。

相对于其他传统行业，跨境电商企业前期更多地偏风险机会主义，企业普遍存在内控及风险意识不够的问题。另外，部分卖家前期以业务导向为主，追求对市场快速反应以及组织的灵活性，内部缺乏必要的流程制度，导致企业整体内控环境差。

（二）目标设定

风险是在某一特定环境下在某一特定时间段内某种损失发生的可能性。它可能导致企业在实施战略和实现目标时产生负面效果。对于企业而言，没有目标也就没有风险可言，目标是设定在企业战略层级之上的，为企业的经营、合规和报告奠定了基础。每一家企业都会面临内部或者外部的一系列风险，确定目标是进行有效的风险识别、风险评估和风险应对的前提。

现阶段大部分跨境电商企业建立内部风险控制的主要目标，也是为了防止经营过程中产生重大的风险，比如资金冻结风险、存货呆滞风险、采购舞弊风险等。

（三）风险评估

风险评估使企业能够考虑潜在事项影响目标实现的程度。管理者可以从风险发生的可能性和影响两个角度对事项进行评估。常见的有以固有风险和剩余风险的形式对风险进行评估。

固有风险是指企业没有采取任何措施来改变风险的可能性或影响的情况下所面临的风险。

剩余风险是指企业采取风险应对措施以后所剩余的风险。剩余风险存在的原因在于：一方面，企业面临的有些风险不能完全避免，只能降低风险的影响；另一方面，剩余风险也跟企业风险应对的成本及风险发生的可能性有关。

比如跨境电商企业常遇见的汇率风险。假设未来一段时间内人民币可能升值1%，企业的外币资产可能会遭受10万元损失，这就是企业面临的固定风险。当企业购买了一些外汇套期保值工具后，企业的外币资金损失降低到2万元，这个就是企业所面临的剩余风险。

（四）风险应对

在评估了相关的风险之后，企业就要确定如何应对风险。风险应对策略包括风险回避、降低、分担和承受。在考虑风险应对的过程中，公司需要评估风险的可能性、影响的后果以及成本效益，选择能够使公司剩余风险处于公司可接受范围的风险应对策略。

① 风险回避。此类风险等级高，对企业的经营影响重大，企业通过采取措施来规避这类风险。比如，跨境卖家在新品上线前会有相关的知识产权及专利评估，选择规避侵权风险高的产品。

② 风险降低。此类风险对企业的经营有一定的影响，但基于风险影响结果有限或者风险影响重大但企业无法完全规避，企业通过采取一定的措施来降低此类风险的影响。比如，针对单一跨境电商平台依赖度大的风险，很多卖家开始探索新的跨境电商平台。

③ 风险分担。企业通过风险分担转移一部分风险。比如，跨境电商卖家常见的建立引进合伙人机制、与供应商共担新品开拓风险、购买商业险等。

④ 风险承受。对企业经营有影响，但基于企业的风险应对能力、可能性以及成本效益比，企业选择承受风险。比如，大部分中小卖家缺乏规避汇率波动风险的能力，于是选择被动承受汇率风险。

同时，企业可以通过结合不同的策略来应对风险。另外，任何风险应对措施都会产生一些直接或者间接的成本，这些成本需要参考它创造的收益来综合衡量。

（五）控制活动

控制活动是指确保企业的风险应对策略得以实施的政策和程序。控制活动会贯穿于整个组织。控制活动包括一系列不同的活动，如批准、授权、验证、调节、审核等。跨境电商企业常见的为了应对风险所实施的控制活动如下。

① 为了防止运营账号及账号的权限被随意更改，店铺关键信息变更时都需要注册邮箱或者短信验证。

② 为了规避存在表外资金，针对新店铺绑定收款账号，需要向财务部备案。

③ 为了防止公司广告费资源分配不合理，在广告费投入环节需要部门主管及财务审批。

④ 默认走海运运输的品类，在选择走其他物流方式时，增加审核及审批环节。

⑤ 日常财务管理活动中，出纳和会计职责相分离。

（六）风险监控

企业通过持续的监控活动或者专门的评价来对企业日常风险管理进行监控，并对风险管理的存在及运行进行评估；持续风险监控穿插在企业的经营全过程中，而企业的专门评价通常是定期实施，专门评价的范围和频率取决于对风险评估和监控持续的有效性。通过风险监控能够及时发现企业内部控制的缺陷，避免企业出现大的损失。

常见的跨境卖家风险监控的措施有：

（1）公司管理层定期审核经营活动指标及报告，通过比较经营指标是否异常来进行企业的风险内部监控。

（2）跨境卖家通过持续观察企业采购成本的趋势变化是否合理，从而达到监控采购风险的目的等。

在了解完内部控制的关键要素后，我们总结了跨境电商行业现阶段主要内部控制风险事项，主要包括存货管理中的内部控制、采购业务中的内部控制和资金活动中的内部控制。

第二节 存货管理中的内部控制

跨境电商企业资产结构相对简单，其中资金和存货是公司最主要的资产，提高存货的周转率，降低存货管理中的内部控制风险对跨境电商企业而言至关重要。

一、存货管理概述

跨境电商企业的存货主要是采购入库后以备出售的商品。根据存货存放地点，大部分跨境卖家的存货可以分为本地仓存货、在途存货、海外仓存货（含FBA仓存货）。

存货管理内部控制的整体目标如下：

① 满足运营日常销售的需求，不断货；

② 提高公司存货周转率，减少存货对资金的占用；

③ 妥善保管存货，存货现场管理无安全隐患；

④ 存货数据信息质量高，账实相符；

⑤ 存货呆滞积压少，呆滞报废物料得以及时处理。

存货管理中涉及采购、仓储、品质、运营、财务等多部门的协同合作，企业应建立存货业务的岗位责任制，明确各部门及岗位的职责和权限，确保在存货管理中不相容的职责相互分离、制约和监督。常见的存货管理中不相容的岗位职责有：

（1）存货的保管与会计核算相分离（账实相分离，仓储人员负责存货保管，财务人员负责存货的核算）；

（2）存货发出的申请及执行相分离；

（3）存货的使用和存货的保管部门相分离（车间人员负责领用存货，仓储人员负责保管存货）；

（4）存货处置的审批与审批、执行相分离；

（5）存货盘点实盘人员与监盘人员相分离。

二、存货管理关键环节的内部控制

存货的日常管理过程包括存货的取得、存货的验收入库、存货的领用和发出、存货的盘点、存货的处置以及存货的库存控制等，我们从这几个关键环节来看存货管理的内部控制。

（一）存货的取得

存货取得环节的目标是遵循成本效益原则，满足运营销售需要的同时，减少仓储及资金资源的占用。这就需要企业结合业务需求、安全库存以及最小起订量制订合理的采购计划，确保存货处于最佳的库存状态。在存货的取得环节，主要的内部控制风险及应对措施如表 6-1 所示。

表 6-1 存货取得环节的内部控制风险及应对措施

内控目标	典型风险或缺陷	应对措施
成本效益最大化	备货计划不合理，可能导致缺货或者积压，影响企业经营活动开展或提高企业经营成本	• 根据业务属性、运营周期、安全库存及管理需求梳理备货逻辑 • 定期检验备货逻辑与实际运营结果的偏差，定期优化备货逻辑 • 加强存货与运营、采购、预算、资金等流程的衔接工作 • 新品、老品制订不同的备货计划

在跨境卖家实际运营过程中，导致大部分卖家库存积压，最直接的原因是前期的备货逻辑存在优化空间，以及在面对实际销售不及预期时没有及时调整备货策略。

跨境电商的备货逻辑可参考：

单次备货量 =（备货时长 + 安全库存天数）× 日均销量—海外仓（含 FBA 仓）—在途库存—本地库存—已下单未到库存

其中，安全库存天数根据公司的管理需求确定；日均销量可以参考销售预测，也可以根据近期历史销售情况赋予不同权重来综合评估。

在后续存货的日常管理过程中，需要对存货的库存指标及时进行监测及复盘，当销售不及预期时及时调整备货策略。同时，通过调整预测模型提高日均销量的准确度，也成为改善存货周转效率的重要方式。

另外，从内控的角度，需要及时监控备货计划执行的有效性。比如，理论备货时长是参考海运的周期来备货，但在实际业务中，很多卖家会走部分空运，这就会导致理论备货量大于实际需要量，从而形成库存呆滞。

（二）存货的验收入库

存货的验收入库环节的目标是保障入库数量准确、存货质量符合标准。外购的存货验收的重点是，存货入库的数量、规格、品质是否与采购合同、订单、送货单上的要求一致。其中部分存货在后续报关或者销售时，还涉及资质的问题，那在存货验收入库时，就需要关注存货是否有相应的资质报告，比如带电池类的产品、危险化学品等。对于企业自制的产品，在验收入库时更多关注的是产品的质量是否符合出库标准。具体而言，在存货的验收入库环节，其主要的内部控制风险及应对措施如表 6-2 所示。

表 6-2　存货验收入库环节的内部控制风险及应对措施

内控目标	典型风险或缺陷	应对措施
存货入库数量准确，质量符合标准	验收程序不规范、标准不明确，可能导致数量短缺、以次充好	• 建立存货验收流程及验收标准 • 针对收到的货物与采购清单、送货单进行清点和检查 • 采购合同中明确供应商职责，存货质量低于验收标准的，及时退货
	存货入库信息不及时或不准确，影响库存数据的准确性，影响企业经营活动效率和效果	• 建立存货进销存数据库 • 建立内部存货统一的编码规则 • 存货入库时及时按照实际入库情况进行账簿登记 • 存货账簿应涵盖入库物资的类别、名称、规格型号、数量等关键信息

存货入库环节涉及的单据和账簿有：供应商的送货单、发票、入库单、其他入库单、仓库明细账、财务总账。仓储部门根据供应商的送货单及存货实际入库信息编制入库单，并登记明细账；财务部门根据仓库的入库单和供应商的合同订单、发票登记财务总账，并定期将财务总账与仓库明细账进行核对。

（三）存货的领用和发出

在存货领用发出环节，企业应该制定严格的存货出库制度，明确存货领用发出环节各岗位职责和审批权限，建立存货出库手续，并加强存货领用记录和实物管理。存货在领用发出后，随着实物流转变化，其管理职责及归属也同步发生变化。

跨境电商行业因业务的需求存在多仓位的情况，不仅有国内的本地仓，可能还存在海外仓、FBA仓，不同的仓位之间发生调拨时，需要填写调拨单。仓库内的存货，没有调拨指令的不准出库，禁止以白条抵库。企业需要通过流转信息和盘点情况及时更新各仓位的存货状态。

在存货的领用发出环节，主要的内部控制风险及应对措施如表6-3所示。

表6-3　存货领用发出环节的内部控制风险及应对措施

内控目标	典型风险或缺陷	应对措施
货物不会流失及会计记录准确	存货领用、调拨审核不严格，手续不完备，可能导致货物流失，影响存货账实相符	• 存货流转环节严格按单作业 • 存货出库凭证应记载出库物资的名称、型号、数量、用途等关键信息 • 存货出库应设置恰当的审核审批流程 • 存货出库时，收发双方核对、确认相关单据，明确责任，做好物资交接 • 通过盘点，针对当日存货出库情况进行账实核对

存货在领用发出环节涉及的单据和账簿有：领料单、调拨单、发货单、出库单、销售订单、仓库出库明细账、财务总账。财务部门定期将财务总账与仓库出库明细账进行核对。

（四）存货的盘点

企业通过存货盘点，可以及时准确地掌握存货的数量、质量（如库龄、呆滞及过期损毁等）状态，同时也可以了解企业真实的存货管理现状。企业的存货管理水平及大部分存货内控风险都会体现在存货盘点差异中。企业在进行存货盘点时，必须真实、准确、完整、清楚。

存货盘点常用的方式有：①定期盘点 & 不定期盘点；②抽盘 & 全盘；③实盘 & 监盘。

在存货的盘点环节，主要的内部控制风险及应对措施如表6-4所示。

表6-4　存货盘点环节的内部控制风险及应对措施

内控目标	典型风险或缺陷	应对措施
及时准确掌握存货的数量、质量等状态	未有效开展存货盘点清查，无法及时发现存货短少及其他异常状态，导致账实不符、存货遗失、存货损坏等后果	• 建立存货盘点制度，明确存货盘点范围、方法、人员、频率、时间以及盘点程序等 • 根据盘点制度，定期、不定期组织多部门参与存货盘点，形成书面盘点报告，并经过恰当审核审批 • 对盘点差异进行分析，明确责任，提出改进建议

很多做铺货的卖家涉及存货的种类繁多，每月要实施全面盘点，在实操层面会有难度，这就需要企业关注盘点范围的有效性，可以建立平常循环盘点与定期全面盘点相结合的盘点制度。所谓循环盘点，就是仓管员每天按货架顺序逐一对自己管辖的区域进行实物盘点，每月要完成规定的比率或数量。

与其他行业不一样的是，跨境电商行业存在电商平台仓库，这部分仓库的实际运营及出入库管理权限在电商平台，卖家无法进行实地盘点。比如常见的亚马逊 FBA 仓，FBA 仓每月对客户存放的存货进行抽盘，将盘点后存货结存情况发送给客户，针对这部分仓库的存货情况，可能存在货物管理不善导致损坏或者丢失的风险；公司可以通过亚马逊平台向公司开放 API 接口从平台上实时抓取出入库记录，将入库明细与国内备货出库明细数据进行比对，及时了解库存情况，如果发现库存有异常，可以向电商平台进行索赔。

另外，针对有海外自有仓及第三方仓的跨境电商企业，基于管理效率及成本效益的考量，可以建立海外仓巡视制度，当发现海外仓账实不符或者影响正常发货的情况时，海外仓巡视团队需对海外仓存货进行实地查验和盘点复核。

（五）存货的处置

企业应定期对存货进行检查，及时了解存货的存储状态，针对已经变质、损毁或者影响最终销售的存货，需要分析产生原因，明确各岗位责任，及时进行存货处置。

在存货的处置环节，主要的内部控制风险及应对措施如表 6-5 所示。

表6-5　存货处置环节的内部控制风险及应对措施

内控目标	典型风险或缺陷	应对措施
针对存货发生事实损失时，及时对存货进行核销处理	存货处置不规范、不及时，可能导致未能及时处置应处置存货，或处置方式、对价不合理，导致企业利益受损	• 及时掌握存货状态，识别待处置存货 • 存货处置方案需经过适当的审核审批 • 存货处置涉及外部第三方的，应进行适当的询价流程，并对其进行资质审核 • 存货处置过程记录应妥善保管，并及时进行账务处理

当实际发生存货处置时，由存货保管人填写库存处理表，如表 6-6 所示。经事业部、财务部、管理层在授权范围审批后，及时进行报废移除处理，并制定预防库存呆滞及改善措施。

表6-6　库存处理表

类别：			年 月 日		
名称及规格型号	数量	单位	金额	存放地点	入库日期
合计					
处理原因及状况					
质检结论及建议					
审计结论及建议					
拟处理方式				估计损失	
批准		财务核准		财务审核	
库管部负责人：			制表：		

跨境电商企业对位于电商平台的存货进行处置时，还会涉及处理费。对于企业来说，前期更需要关注库存指标，以避免形成长期积压库存。针对部分滞销库存，优先通过及时折价销售处理，避免形成长期仓储费和库存处理费。

（六）存货的仓储管理及库存控制

存货的仓储管理的目标是保证存货安全、完整以及存货数据的准确性，避免存货价值损失。

由于跨境电商企业是将商品销往海外，因此仓库需设置本地仓、在途仓、FBA 仓以及海外仓。将存货存放在本地仓的，由仓库负责保管；发往海外的在途商品体现在途仓，仓储部门应编制在途仓物流信息跟踪表进行跟踪；存放在海外仓或 FBA 仓的货物，由各店铺运营人员负责日常保管跟进。

存货的存放和管理应指定专人负责并进行分类编目，入库储存的商品应分类、分品种堆放，并标明品名、规格、型号、款式、尺码、数量、单位等，要求堆放整齐，便于清查、取货。

仓库保管员应随时检查存储的存货是否过期变质、残损、超储积压、短缺、包装破损，如有发现，保管员应及时报告主管人员，会同有关部门进行处理。

存货的库存控制是通过及时调整存货余额，避免存货形成呆滞或存货不足。可以建立库存分析机制，通过设立存货监控指标，及时了解库存状态，比如存货周转率、库销比、库龄、呆滞库存占比等。

在存货的仓储管理及库存控制环节，主要的内部控制风险及应对措施如表 6-7 所示。

基于对电商平台的依赖，跨境电商企业在实际经营过程中存在部分不可控的风险（如侵权、违反平台规则等），可能会导致店铺库存被冻结的情况。同时，从国内仓发往海外仓涉及大量的物流费用，如果产品滞销，会存在库存处理费或由海外仓再寄回国内的物流费用，这会增加企业的经营风险。综合这两方面因素，建议企业实时关注并控制海外仓库存容量，避免产生不必要的损失。

表6-7 存货仓储管理及库存控制环节的内部控制风险及应对措施

内控目标	典型风险或缺陷	应对措施
保证存货安全、完整及避免存货价值损失	存货仓储保管环境或方法不恰当，可能导致损坏变质、价值贬值、存货遗失，导致企业利益受损或产生合规风险	•根据存货的属性，制订不同的仓储管理方案，即仓储环境、设施等必须满足存货特征 •不同类型、批次、型号和用途的存货分类存放，标识清晰 •采取先进先出等方法，防止部门存货库龄过长及过期 •针对贵重存货，增加必要的投保措施
	库存水平未得到有效监控或调整，导致存货不足或过多，从而影响企业效益	•制定库存管理指标（如周转率等）及考核要求 •对存货库龄等状态进行持续跟踪，针对呆滞存货及时采取应对措施
	存货管理混乱，可能存在舞弊行为	•明确存货管理各主要环节的流程及配套管理要求 •建立存货管理的相关部门及其岗位的职责、权限，确保不相容职责相互分离 •强化审计等监督手段

三、建立存货管理报表控制体系

通过搭建存货管理报表控制体系，对存货周转关键环节不同的状态进行跟踪记录，从而加强对存货管理各环节的有效控制，以保证存货的完好无损，存货数据及时准确，确保经营活动的正常进行。

常见的存货管理控制报表包含在途物流信息跟踪表、进销存报表、存货盘点表及盘点报告、存货库龄表等。

（一）在途物流信息跟踪表

跨境电商企业向境外消费者销售产品时，一般需要先将产品发至海外仓或者FBA仓，其中国际运输过程存在一定的时间周期，对于已经发出但仍在途中尚未进入海外仓的在途商品，企业需要编制在途仓物流信息跟踪表，进行物流信息跟踪。在途仓物流信息跟踪表如表6-8所示。

（二）进销存报表

与其他传统行业相比，跨境电商行业涉及本地仓、在途仓、海外仓等不同类型的仓储，而且仓库数量众多，导致跨境电商行业的进销存报表相对复杂。特别是一些涉及多平台经营的卖家，进销存报表会更加复杂。与此对应的方案是，整合进销存数据，充分利用存货资源，这也会大大提高企业的经营效益。

跨境电商企业是通过第三方销售平台向海外消费者进行销售的，所以需要分别编制本地仓进销存报表（表6-9）、在途仓进销存报表（表6-10）和海外仓（或者FBA仓）进销存报表（表6-11）。

（三）存货盘点表及盘点报告

存货盘点清查一方面要核对实物的数量，看其是否账实相符，另一方面也要关注实物的质量，看其是否有明显的损坏，有没有形成长期呆滞库存。在实际盘点过程中，登记存货盘点表如表6-12所示。

针对盘点过程中的盘盈盘亏情况，编制盘点差异表，并根据实际盘点情况以及盘点过程中发现的问题编制盘点报告，上报公司管理层审批决策。存货盘点差异表如表6-13所示。

（四）存货库龄表

库龄是指产品在售出前在仓库放置的时间长短。存货的账龄越长，说明周转越慢，占压的资金也就越多。

跨境电商行业中特别是铺货的卖家，SKU众多，很多产品库龄较长，动销较差，容易形成存货呆滞。通过库龄预警，及时提醒经营者关注超库龄产品，并及时进行处理，防止形成呆滞以及产生额外的长期仓储费。常见的存货库龄表如表6-14所示。

表 6-8 在途仓物流信息跟踪表

发货日期	物流单号	SKU	产品名称	承运商	运输方式	目的地	发往 FBA/海外仓						FBA 已接收		尚在途数量	原因说明
							数量	各 SKU 总重量/kg	单个 SKU 重量/kg	该票总运费	各 SKU 总头程	单个 SKU 头程	实际签收数量	签收时间		

表 6-9 跨境电商企业本地仓进销存报表

序号	SKU	名称	店铺	期初			入库			出库（发出到海外仓）			结存		
				数量	单价	金额	数量	单价	金额	数量	单价	金额	数量	单价	金额
1															
2															
3															
4															
5															
6															

表 6-10　跨境电商企业在途仓进销存报表

序号	SKU	名称	店铺	期初				入库（本地仓发出）				出库（FBA/海外仓签收）				结存（尚在途）			
				数量	产品单价	头程单价	金额	数量	产品单价	头程单价	金额	数量	产品单价	头程单价	金额	数量	产品单价	头程单价	金额
1																			
2																			
3																			
4																			
5																			
6																			

表 6-11　跨境电商企业 FBA 仓进销存报表

序号	SKU	名称	店铺	期初				入库				出库				客户退货入库				已移除				结存			
				数量	产品单价	头程单价	金额	数量	产品单价	头程单价	金额	数量	产品单价	头程单价	金额	数量	产品单价	头程单价	金额	数量	产品单价	头程单价	金额	数量	产品单价	头程单价	金额
1																											
2																											
3																											
4																											
5																											
6																											

表 6-12　存货盘点表

盘点日期：										
序号	品类	SKU	品名	规格	单位	仓库	实盘数量	复盘数量	差异	备注
1										
2										
3										
4										
部门负责人：				盘点人：				复盘人：		

表 6-13　存货盘点差异表

日期：													
序号	品类	SKU	品名	规格	单位	仓库	账面数量	盘点数量	盘盈		盘亏		差异原因	改善措施
									数量	金额	数量	金额		
1														
2														
3														
4														
制表人：				复核人：					批准人：					

表 6-14　存货库龄表

日期：										
序号	品类	SKU	品名	单位	库龄				动销比	安全库存
					≤3个月	3～6个月	6～12个月	>12个月		
1										
2										
3										
4										
合计										

第三节 采购业务中的内部控制

一、采购管理概述

采购是供应链中关键的一环，大部分跨境电商企业不具备生产能力，偏向于贸易商，主要产品都是通过供应链采购，简单包装后直接销售。同时，跨境交易涉及的产品 SKU 众多，采购业务呈现小批量、高频次、多供应商的特点，这些特点综合起来导致了采购环节成为卖家内控风险潜在高发区。

为了建立有效的与采购业务相关的内部控制，企业需要先了解采购业务的控制目标：

①采购成本及付款方式合理；

②采购质量符合标准；

③交付时间准时，品类及数量准确；

④采购售后服务及时有效；

⑤长期供应商符合战略需求。

采购业务会涉及多个部门的协同，常见的会涉及采购需求部门、采购部、计划部、仓储部、财务部、法务部等，不同的部门承担不同的职责和权限，包括采购需求权、采购启动权、供应商管理权、供应商选择权、合同条款确认权、采购验收权、供应商考核权、对账结算权等。

采购需求部门主要提出采购需求，传递采购需求计划。跨境电商行业主要是运营部门根据销售预测及安全库存发起采购需求申请。部分大卖通过系统设置销量预测及安全库存预警值，可以自动发起采购需求申请，采购需求申请生成后，计划部对采购需求的合理性进行审核。

采购部门主要负责实施具体的采购行为以及供应商管理。

财务部主要参与重要采购合同会签、供应商绩效评估管理、供应商票据审核和供应商款项对账核算等。

仓储部主要负责采购物资到货、退库等环节的质量检测及验收等工作。

我们要注意，不同的岗位存在一些关键不相容的职责：

①采购需求提出职责与采购决策制定职责相分离；

② 采购执行职责与采购验收职责相分离；

③ 供应商推荐职责与供应商准入职责相分离；

④ 采购款项支付职责与会计核算职责相分离。

二、采购业务关键环节内部控制

采购业务通常涵盖了采购需求归集、供应商选择、谈判及合同签订、采购下单、采购入库验收、与供应商对账付款以及采购售后服务等关键环节。根据这些关键的采购业务环节，我们来看看怎么建立采购业务有效的内部控制。

（一）采购需求与计划

企业的采购需求来源于业务的经营需要。有了采购需求才会产生采购计划。企业在制订采购计划时需要结合自身的业务需求、实时库存水平以及企业资金情况。同时，为了保证采购计划的质量，还需要了解供应商的基本情况。

合理的采购计划对于供应商也是至关重要的，供应商可以根据客户的采购计划优化内部生产资源配置，及时调整生产计划及产能，从而降低生产成本。企业也能够通过合理的采购需求计划享受更低的综合采购成本。

在采购需求与计划环节，主要的内部控制风险及应对措施如表 6-15 所示。

表 6-15 采购需求与计划环节的内部控制风险及应对措施

内控目标	典型风险或缺陷	应对措施
满足业务需求，确保请购的合理性	未编制采购计划，出现采购需求时仓促处理，导致无法履行必要采购程序，影响采购质量	• 按照经营计划、采购需求等因素规范编制采购计划，并经过恰当审核审批
	采购计划过于形式，执行时严重脱离实际，导致计划外与临时采购频繁出现，影响采购质量	• 采购计划编制由多部门共同参与，全面归集采购需求 • 采购计划编制所需基础信息（如生产、库存、销售、供货周期等相关信息）完备 • 确保采购计划编制人员拥有完整信息及专业能力 • 采购计划经过恰当审核审批

续表

内控目标	典型风险或缺陷	应对措施
满足业务需求，确保请购的合理性	采购计划过于随意，对各部门不构成实质性约束，导致计划外与临时采购频繁出现，影响采购质量	• 通过强化采购过程中对采购计划的把关，提高采购计划严肃性 • 将采购计划完成情况纳入相关部门的绩效考核

跨境电商企业的主要采购需求计划来源于库存的备货计划，销售预测的准确性及备货逻辑的合理性直接影响采购需求、采购频次以及采购成本。

（二）供应商管理

供应商管理是日常采购管理中的重要一环。有效的供应商管理可以促进企业与供应商形成协同合作关系，实现企业降本增效的目标。

在日常的采购业务中，针对供应商的管理，主要的内部控制风险及应对措施如表 6-16 所示。

表 6-16　供应商日常管理的内部控制风险及应对措施

内控目标	典型风险或缺陷	应对措施
形成供应商协同，降低综合采购成本	缺乏合格供应商准入管理，可能导致供应商整体素质低下，影响采购质量	• 建立合格供应商评估和准入标准和程序，明确资质审查的流程和要点 • 供应商评估和审查结果应经过恰当的审核审批环节
	未对已合作供应商有效开展评价，使用不合格的供应商，影响采购质量	• 建立健全供应商档案管理 • 建立供应商评价指标体系机制（如质量、及时性、技术、价格、服务等维度） • 建立供应商评价程序及评价结果的应用标准 • 建立供应商退出机制，对于无法满足企业要求的供应商予以剔除

企业要规避供应商的风险，实现供应商协同，需要搭建供应商管理体系。一个完整的供应商管理体系应包含供应商的识别和准入、供应商的评级管理等重点事项。

1. 供应商的识别和准入管理

根据企业与供应商的合作程度，可以将供应商分为外部供应商、潜在供应商、合格供应商、合作供应商、淘汰供应商五大类，如图 6-1 所示。

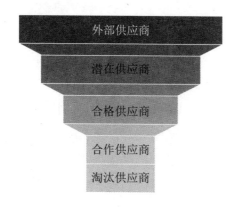

图 6-1 供应商的分类

在日常供应商管理中，企业通过多渠道不定期寻找外部供应商，形成供应商资料库，再根据供应商与企业的匹配度筛选出潜在供应商。当企业有采购需求时，通过内部团队的综合评审选择出合格的供应商，进而展开合作，并对合作的供应商进行绩效管理，当合作的供应商不再符合企业内部要求时，淘汰相应的供应商。

具体的供应商识别和准入控制可以参考以下五步来实施管理。

第一步：建立供应商的准入机制，明确供应商应具备的条件。

企业可以根据产品属性及管理需求，建立供应商的准入机制及标准。比如，卖家可以从供应商的资质、技术标准、产品质量、供应商规模、生产能力、信用等级等维度来建立供应商准入标准。不同企业的供应商准入机制和标准可能存在较大差别。比如，中小卖家更加关注供应商产品价格，品牌卖家更注重代工厂的产品质量，服装类的卖家关注供应链的柔性生产能力，快速增长的卖家还关注供应商的急采（紧急采购的简称）响应速度和配合程度。

第二步：收集获取外部供应商信息，建立供应商资料库。

策略采购方需要根据公司产品属性、行业变化以及未来新品开发计划不定期地收集外部供应商信息，建立潜在供应商资料库。

第三步：潜在供应商的调查和评审。

根据外部可选择的供应商，对潜在供应商内部质量水平、管理能力等进行初步评价。通过评价了解供应商在供应能力、技术、交付质量、成本、交付周期、服务等方面的表现。

在实际业务环节，采购部会同产品开发部、财务部等相关部门共同进行供应商的评审，并提出相应的意见和建议。采购部主要负责评价供应商的资质、售后服务质量、采购成本等方面，同时关注供应商的违约风险；产品开发部主要负责评价供应商提供商品的质量、交付周期；财务部主要负责评价供应商的经营状况、信用等级、付款条件等。如有样品需求，由采购部门通知供应商送交样品，产品开发部相关人员需对样品提出详细的质量要求，如规格、包装方式等。

随着跨境电商企业财税合规意识的逐步建立，企业对供应商的税务规范要求也越来越高。对于企业主要的供应商及新选型的供应商，企业财务人员在进行供应商选型评审时，需评估供应商的主体合规资格及后续往来业务合规可能性，避免产生不必要的税务风险。

第四步：选择合格供应商。

通过对潜在的供应商进行评审，符合企业标准的可以成为企业的合格供应商。另外，考虑到单一供应商采购源的潜在风险，企业对同一品类采购需求的供应商保持在两家或两家以上的合格供应商，并且有主要供应商和备用供应商之分。与主要供应商向着战略合作关系方向发展，对于备用供应商，日常维持正常贸易关系，控制采购量，以保障综合采购成本及供应链的稳定性。对于品类没有备用供应商的，需要进行备案审批说明，并定期关注采购价格变化及供应链的稳定性。

第五步：供应商档案库维护。

企业需要定期对供应商档案库进行更新维护，既要引入潜在优秀的供应商，也要定期淘汰不合格的供应商，以保持一个稳定、优质的供应商库。

了解了以上五步有关供应商识别和准入的管理措施后，我们再来看看整个供应商识别和准入流程控制，如图6-2所示。

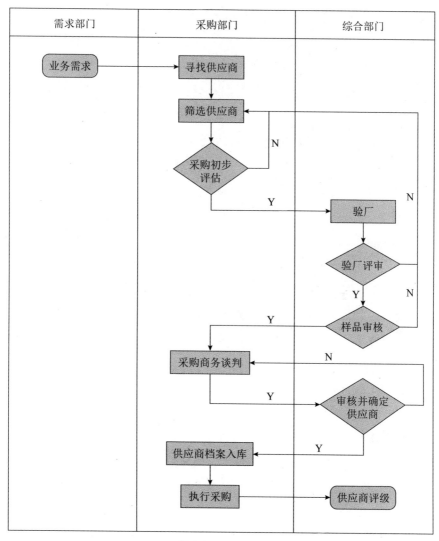

图 6-2　供应商识别和准入流程图

2. 建立供应商评级管理

企业可以通过定期对供应商进行考核和评级来实现对供应商的迭代优化，进而控制供应商风险，满足业务发展需求，并降低综合采购成本。

在日常供应商评级管理中，企业需要设定供应商考核指标，定期对供应商进行评级，并根据供应商的评级对供应商实行分类管理。级别越高的供应商，采购的优先级和采购量越高。卖家可以从以下 4 个维度来实施供应商的评级管理。

（1）确定对供应商评价的主体。参与供应商评级的部门不仅包括采购部门，还包括业务需求部门、质检部门以及财务部门，不同的部门针对不同的维度对供应商进行综合评估。

（2）确定供应商考核评价的标准。企业可以根据自身业务目标和管理需求来确定供应商考核评价的标准，针对不同维度的考核指标，赋予不同的考核权重，同时各指标的权重也不是固定不变的，会随着企业的业务目标和管理需求的变化而进行动态调整。常见的供应商考核维度可参考：

① **产品质量**。可以设置入厂合格率、最终客户退货率等指标来衡量供应商产品的品质。入厂合格率的评判标准是在采购合同约定范围内再进行打分，低于合同约定的合格率直接降低评级。如果是产品品质问题导致客户最终发生退货的，需要统计作为对供应商交付质量的考核指标之一。

② **违约情况**。可以设置供应商违约次数指标，通过供应商违约情况来看供应商的信誉及履约能力。

③ **采购成本**。采购成本可以结合产品价格、付款账期、产品品质综合来评估，同类产品的采购成本更具有比较性。

④ **供应商服务**。服务也是供应商价值的重要一环。可以设置非计划外的采购单的响应速度、售后服务质量、质量问题重发率等指标来衡量供应商的服务质量。针对部分积习难改的供应商，质量问题重发率是个很有效的衡量指标。

另外，针对一些常见的在采购合同里面有约束的指标，不需要再重复进行考核，如交付及时率指标。

比如，赛维时代每季度会从产品质量、产品价格、交付时间、账期等方面对供应商进行持续评分。SHEIN（希音）曾以采购金额、急采发货及时率、次品率、上新成功率、追单时效等指标来考核供应商。

（3）实施供应商评级流程。企业应该结合产品生命周期及效率来确定供应商的考核评级周期，一般常见的是按照季度、半年度、年度来对供应商进行考核评级。

供应商的评级通常由采购部门主导，业务、质检以及财务等部门协同完成对供应商的综合考核评级。在考核评级实施过程中，各部门需要注意评级维度指标信息统计的准确性和及时性。比如，供应商退货率、违约情况、付款条件等需要在日常采购实施的过程中进行登记。

（4）应用供应商评级结果。供应商评级完成后，企业需要根据供应商最新的评级结果来调整采购策略。针对评级级别较低的供应商，提出改进要求或者给予剔除，同步降低采购量或者不再采购；针对优质供应商，可适当加大采购比例，同时往战略合作伙伴方向培养。

随着跨境电商行业竞争的加剧，供应链有机会形成一定的竞争壁垒，培养供应商伙伴，与优秀供应商一起成长，也是卖家不错的竞争策略。很多做铺货的卖家前期通过1688等渠道进行零星采购，但随着采购量的增加，卖家也开始逐步开发和培养合格的传统线下供应商。

（三）采购谈判与合同管理

在明确采购需求、确定合格的供应商以后，接下来风险管理的重点就是与供应商的采购谈判及合同管理。采购谈判的主要目的是降低综合采购成本，降低采购风险，妥善处理分歧，维护采购双方利益和正常关系，为后续采购合同实施奠定基础。

综合采购成本不仅包含产品成本，还包含产品质量、货款账期、交付周期等成本。

在采购谈判的过程中，对于影响重大、涉及较高专业技术的采购事项，可以组织采购、产品、开发、财务等多方专业人员参与谈判。

采购合同是保障企业合法权益的依据，一般的采购合同需要包含合同的基本要素，包括但不限于采购具体内容、交付期限及标准、违约责任等。

采购谈判与合同管理的主要内部控制风险及应对措施如表6-17所示。

随着跨境电商行业的竞争加剧，越来越多卖家的经营模式开始转变，不单纯是跟卖与铺货模式，逐步开始注重自己的产品研发设计能力。这就要求企业在前期新品开发小批量试产过程中，产品及开发人员也要加入供应商的谈判过程，以保障产品的质量符合标准。

表 6-17 采购谈判与合同管理环节的内部控制风险及应对措施

内控目标	典型风险或缺陷	应对措施
降低综合采购成本，控制采购履约风险	谈判人员经验不足，缺乏专业支持；谈判人员与谈判对手"串谋"，导致企业在谈判中处于不利地位，影响企业利益	• 谈判前收集谈判供应商资料、竞品价格等信息，制定谈判策略，并对谈判策略进行保密管理 • 对于重大专业事项，组织专业人员参与谈判 • 规定企业参与谈判最低人数，对谈判过程信息进行规范记录 • 将谈判过程纳入监督检查范围
降低综合采购成本，控制采购履约风	对供应商主体资格、履约能力等未进行合理评估，合同不合理或者合同内容存在重大疏漏和欺诈，可能导致企业权益受到侵害	• 对拟签订框架协议的供应商的主体资格、信用状况等进行分析，评价其履约能力 • 合同草案经过专业评审，确保合同条款全面、严谨，能够有效保障企业权益 • 建立合同会签审核制度

同时，针对采购金额对企业经营影响很大的供应商，在采购谈判时，可以采取分层级多轮次谈判策略。一方面，这可以防范单一谈判人员与供应商共谋的风险；另一方面，分层级多轮次谈判，再结合双方的长期合作关系，采购成本改善的可能性更大。

（四）采购执行管理

与供应商谈判成功并签署采购合同之后，接下来就是实施采购执行。采购执行包括下达采购订单、供应过程跟进、产品验收入库、退货补货、与供应商对账结算等关键流程。

采购执行环节的主要内部控制风险及应对措施如表 6-18 所示。

采购任务执行完以后，企业根据与供应商的合同约定以及账期定期与供应商对账并支付货款。在付款周期内，采购人员收集付款单据，提交采购付款申请，经采购部门、财务部门审核无误后报管理层审批。在日常采购执行环节，针对采购对账及付款，企业还需要关注以下几点。

表 6-18 采购执行环节的内部控制风险及应对措施

关键环节	内控目标	典型风险或缺陷	应对措施
供应过程管控	跟进产品流转动态，保障商品按约定送达	• 缺乏对合同履约情况的有效跟踪 • 忽视运输过程中的风险，导致产品无法正常到库	• 建立合同履约进度表，跟踪物流信息动态 • 利用信息化工具，实现采购过程的可追溯性
验收入库	保障产品质量符合验收标准	• 未严格执行入库验收标准，或入库产品未经验收 • 对不符合验收标准的产品进行验收	• 建立入库验收标准，明确相关岗位职责 • 验收标准在采购合同中有明确列示，保障验收标准有据可依 • 不相容的岗位相分离（收货、质检相分离） • 对于验收异常情况，验收人员应立即反馈并采取跟进措施
对账结算及付款	确保采购对账单数据无误，供应商付款准确及时	• 没有建立有效的对账及付款审核机制，导致企业可能出现超额付款、多付款的情况 • 付款周期不适当，企业可能存在过早付款或重复付款的情况，导致企业资金受损或者信用受损	• 建立供应商对账稽核机制；采购部门与供应商核对，财务部门根据采购部门与供应商的账单再进行核对 • 建立供应商付款流程制度，明确各岗位审核职责及权限 • 建立供应商付款台账，定期将供应商付款台账与财务总账进行核对

（1）跟进采购订单进度。采购订单跟踪表是采购部门用于跟进采购执行进度的相关表单，可以记录采购订单到货的数量、核查供应商的交货进度以及实时监控供应商是否逾期等情况。同时，加强采购订单实施进度的管理，及时跟进采购订单交付状态，当供应商发生实际逾期时，企业可以及时采取相应的补救措施，减小对业务端的影响。另外，采购订单跟踪表也是企业后续对供应商进行评级考核依据的一部分。采购订单跟踪表如表 6-19 所示。

（2）应付账款的台账管理。财务部应及时编制供应商应付账款台账，定期核对供应商付款情况，避免出现重复付款、多付款的情况，若有差异，应查明差异产生的原因。此外，供应商存在预付款项的，应确保预付账款在供应商的信用额度之内。

表 6-19　采购订单跟踪表

序号	采购订单	下单时间	产品名称	SKU	采购单价	数量	总价	预付款	未付款	运费	应到货时间	实际到货时间	已到货情况		未到货情况		逾期情况
													数量	金额	数量	金额	
1																	
2																	
3																	
4																	

（3）对账流程管理。在对账周期内，应由供应商提供原始对账单据，采购人员在核对供应商的原始数据无误后，提交财务部门，财务部门再根据企业的请购单、采购合同、订单、入库验收单、退货单进行对账复核，在财务部门确认对账单无误后，采购人员再提交付款申请，同时付款申请单必须与采购订单相关联。

（4）退货流程管理。企业在产品入库以后再发生实际退货的，填写退货单，同时需要财务部门审核，防止财务部门不知晓退货的实际情况。注意，退货单保持连续编号。

（5）采购付款审核。财务部门在办理付款业务时，应当对采购发票、对账单等结算凭证、验收证明等相关凭证的真实性、完整性、合法性及合规性进行严格审核。

（五）采购行为管理

除本节前文介绍的采购各业务环节的风险管理以外，企业还需关注的是采购人员的日常行为管理。企业各采购环节行为不规范，甚至存在舞弊行为，会给企业造成重大的利益损失。在日常采购业务环节需要注意供应商决定权、采购条件决定权、产品验收决定权、付款决定权等业务环节的内控管理。

常见的针对企业内部采购行为管理的内控措施有：

① 合理分配采购员的关键权限，设置不相容的职责相分离；

② 制定采购各环节行为规范并加强培训和宣导，如用内部办公软件进行日常沟通、与供应商签订廉洁协议等；

③ 设置独立的质检环节；

④ 实行采购关键岗位轮岗制，避免岗位利益固化；

⑤ 定期分析产品的市场价格，并和企业的采购价格进行对比；

⑥ 对关键岗位员工开展内部审计；

⑦ 通过信息化、自动化，减少流程中的人为干预；

⑧ 建立舞弊举报机制。

第四节　资金活动中的内部控制

在跨境电商行业中，除了存货、采购环节是内控管理的重点，防范资金风险也是跨境电商企业内部控制的重点。

资金是企业的"血液"，合理有效的资金活动能够让企业资金在不断地流动周转过程中创造更多的价值，失控的资金活动则可能让企业因资金链断裂而最终陷入经营困境。另外，企业日常经营问题、重大内控风险问题最终也会体现为资金链断裂。

一、资金活动中关键环节内部控制

在日常资金管理活动中，存在多项关键业务环节，在每个环节都存在一些必须关注的重大风险，其中主要的内部控制风险及应对措施如表 6-20 所示。

本书第一章已经详细介绍了资金管理中日常风险管理内容，这里不再赘述，本节主要介绍资金支付环节的内部控制。

二、资金支付审批流程

我们先来看看常见的资金支付过程中的困惑。

表 6-20　日常资金活动中关键环节的内部控制风险及应对措施

关键环节	典型风险或缺陷	应对措施
资金基本管理	未有效制订资金计划，导致资金不足或冗余，影响业务正常开展和资金使用效率	• 结合企业经营活动需求，编制资金计划 • 对资金计划的执行情况进行跟踪、分析反馈和调整
	银行账户管理不善，可能导致账户失控，给企业造成损失	• 明确开户及销户申请、审批、执行程序，并进行持续登记管理（如新开第三方资金平台账户，必须经过财务部备案审批；更改店铺的收款账户，必须经适当的审批以及财务部备案） • 明确各账户的使用目的、功能及管理要求 • 定期进行资金对账和盘点 • 定期进行账户清理
资金收支管理	资金支付或调拨流程不完善，可能导致资金支付效率低下，或发生舞弊行为	• 明确资金收付路径，并严格执行 • 建立资金支付审批流程及制度，明确支付与调拨申请、审核、审批、支付办理等环节操作流程，确保不相容职责分离（跨境电商行业中针对以个人名义开立的第三方资金账户，基于账户限制导致付款时不能建立多级审核，事后则需要及时核对账户流水数据） • 对与资金支付相关的印鉴、U盾、账户密码等要件进行规范管理，确保不相容职责分离
	资金收款管理流程存在瑕疵，可能导致资金收入无法及时完整入账或发生舞弊行为	• 建立应收台账，定期核对实际收款金额与平台应收金额的差异 • 规范管理收款账户，如限制收款账户对外支付权限，以防止资金挪用
投资管理	企业投资计划、立项方案存在缺陷，投资风险未得到充分识别和评估，投资失败率高	• 基于企业整体战略、经营计划制定投资目标和规则，编制投资立项方案，并开展可行性分析（如新品开发环节，编制新品资金需求计划并进行可行性分析） • 投资方案经过专业评审和恰当审核审批
	投资执行不规范，导致企业利益受损	• 签订严谨、规范的投资协议，明确各方权利及义务，严格按照投资协议执行，并满足合规要求 • 投资过程中充分关注资金风险（可采取监管账户等方式保障资金安全）

关键环节	典型风险或缺陷	应对措施
投资管理	投资执行不规范，导致企业利益受损	• 对投资项目进行跟踪、评价与反馈（新品上新过程中跟进实际资金使用情况，分析实际与资金计划差异，及时预警并调整）
	未及时有效开展投资收回与处置，导致企业利益受损	• 明确投资收回与处置的标准、职责权限和流程 • 根据投资方案目标及约定等因素判断需要进行投资收回或处置的，应及时启动（新品运营效果不及预期，及时停止新品项目）
筹资管理	筹资缺乏规划，出现过度筹资或筹资不足，导致企业负债率过高或资金短缺	• 编制筹资方案，并对筹资方案进行可行性论证 • 筹资方案经过恰当审核审批并得到严格执行 • 签订严谨、规范的筹资协议，明确各方权利及义务，严格按照筹资协议执行，并满足合规要求

困惑 1：财务部门先审还是老板先审？

在很多中小企业的付款申请审批流程中，一般老板先审，然后财务部门再审。这就会出现两种情况。第一种情况是很多财务部门觉得老板已经审核了，不能轻易驳回老板已经通过的事项，因此财务部也就审核通过了，这就会逐步导致财务审核职能慢慢形同虚设，不符合财务审核的独立性。第二种情况是当财务部门坚守审核原则，驳回部分不符合付款标准的付款申请时，部分业务人员会以老板已经审批为由质疑财务部门的驳回申请操作，这就导致业务和财务部门之间存在一定的内耗，会增加跨部门之间的沟通成本。

困惑 2：付款申请审批环节中，相关权限分不清。

在付款审批流程中，常见的会涉及抄送、审批、审核等权限，权限不一样，关注点也不一样。权限乱用，一方面会使权责不清晰，审核不到位，流程形同虚设，存在资金付款风险，增加企业的经营成本；另一方面会导致审批流程冗余，影响审批效率。

权限一：审核。审核是指对某项业务相关程序是否完备、支持材料是否规范、数据是否正确等进行检查、核实的权力，要求其对审核内容负责。

权限二：审批。审批是指对某项业务申请、方案进行核准与决策或对某项成果进行确认的权力，要求其对整个方案负责。

权限三：抄送知晓。对某项业务或事项有知晓权，但不需要对具体业务进行审核或者审批，则可使用抄送职能。

在日常付款审批环节中，财务部门更多的是审核权。企业实施预算管理的，在预算范围内财务部门具有审批权；超过预算范围的，各岗位根据付款审批流程制度约定的权限进行执行。

企业应当建立严格的资金支付审批制度，明确审批人对资金业务的审批方式、权限、程序、责任和相关控制措施，规定经办人办理资金业务的职责范围和工作要求。常见的资金支付审批流程如图 6-3 所示。

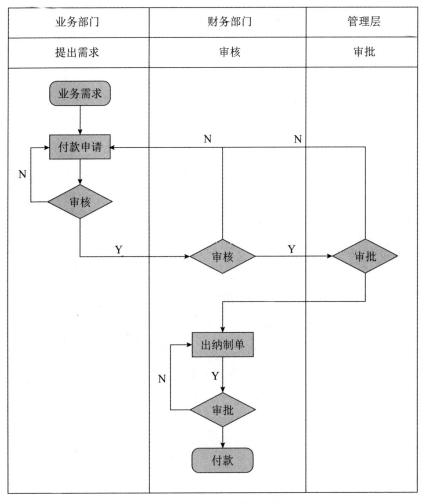

图 6-3　资金支付审批流程图

资金支付审批流程中的注意事项如下。

（1）支出申请。各部门或个人用款时，应提前向审批人提交付款申请单，注明款项的用途、金额、支付方式等内容，有经济合同的应随附有效经济合同或相关证明。

（2）支出核准。请款人所属部门负责人应当对请款用途、金额、日期等内容真实性进行核准，对于不符合实际发生情况的付款申请，部门负责人应当拒绝批准并退回。部门负责人对部门资金业务的真实性负责。

（3）支出审核。财务部门应当对核准后的付款申请单进行审核，审核资金支付申请的批准程序是否正确、手续是否齐备、单证是否合规、金额计算是否准确等。审核无误后，交由总经理进行审批。

（4）支出审批。总经理根据财务部门审核无误后的付款申请进行审批。审批完成后，由出纳办理支付手续。

（5）支付办理。出纳人员根据审核无误的支出申请单提交支付申请，经过审批后，实现支付，出纳根据支付结果及时登记现金和银行日记账，并将支付结果及时同步至相关人员。

在日常资金支付审批流程中，通常会涉及业务部门、财务部门及企业管理层的审核、审批权限，其中的基础权限分配可参考权限表。付款申请审批流程中的权限如表 6-21 所示。

表6-21　付款申请审批流程中的权限表

类型	项目	支出环节					支付环节				表单附件
		提单人	部门经理	会计	财务经理	总经理	出纳	财务经理	总经理	提单人	
预算内	预算内支出	申请	审核	审核	审批	抄送	制单	审核	抄送	抄送	付款申请表、合同、发票
预算外	1.货款	申请	审核	审核	审核	审批	制单	审核	抄送	抄送	付款申请单、采购合同、发票、对账单等

续表

类型	项目	支出环节					支付环节				表单附件
		提单人	部门经理	会计	财务经理	总经理	出纳	财务经理	总经理	提单人	
预算外	2. 物流费用	申请	审核	审核	审核	审批	制单	审核	抄送	抄送	付款申请单、合同、对账单、发票
	3. 推广费用等	申请	审核	审核	审核	审批	制单	审核	抄送	抄送	广告费用申请表；注明历史广告效果
	4. 日常办公行政支出	申请	审核	审核	审核	审批	制单	审核	抄送	抄送	付款申请单、合同、发票
	5. 日常报销费用（差旅费、福利费、业务招待费等）	申请	审核	审核	审核	审批	制单	审核	抄送	抄送	费用报销单、发票；其他附件（差旅费和业务招待费需要事前申请单）
	6. 备用金及员工借款	申请	审核	审核	审核	审批	制单	审核	抄送	抄送	借款申请书
	7. 工资薪酬支出	申请	审核		审核	审批	制单	审核	抄送	抄送	付款申请书、工资表
	8. 税金、社保公积金支出	申请			审核	审批		抄送	抄送		付款申请单、申报表
	9. 公司内部资金调拨	申请			审核	审批	制单	审核	抄送	抄送	付款申请书，备注资金调拨路径及原因

另外，在实际业务环节中，企业可以结合管理需求、业务性质、付款金额大小及审批效率进行授权审批。

第七章　财务团队管理

实践中经常有卖家询问：按照公司现有规模需要配置多少名财务人员才合适？

卖家之所以有这些烦恼，是因为很多财务岗位的考核及工作结果不容易量化，导致老板经常犯难，感觉有些财务岗位可有可无，其岗位的急迫性和重要性并不强。

让我们回到问题本身：跨境卖家究竟需要配置多少名财务人员才合适呢？

实际上，没有绝对标准答案，卖家在考虑有关人员配置的决策时，可以参考人员的投入产出比。比如，新增一个财务人员，一年新增的成本为 10 万元左右；个人能力强、主管经理级别的，一年新增人力成本可能为 20 万元左右。如果增加的这个岗位一年能够给公司带来 20 万元以上的收益，从公司的角度来看，这个岗位一定是值得招聘的。这个评判标准同样适用于其他中后台岗位的评估。

那么，如何衡量财务岗位给公司带来的收益呢？

常见的财务职责给公司带来的收益包括资金收益、税务收益、内控风险规避收益、成本优化以及经营改善创造的收益等。

解决了人员配置决策的困惑，那怎么管理好财务团队呢？本章节将从财务部组织架构、财务部各岗位职责、财务人员的选拔和培养以及财务人员的激励四个维度来谈谈跨境卖家的财务团队管理。

第一节　搭建财务部组织架构

不知道大家有没有发现一个有趣的现象：有些公司的财务人员很轻松，每天到点就下班，而有些公司的财务人员却天天加班。

同样都是做跨境行业的，规模也差不多，为什么财务人员完全是两种工作状态？有人会说是两家公司财务人员的工作效率问题。其实，在今天信息化及智能化的大背景下，大家的工作效率不会差异太大，更多的反而是受公司财务职能的定位以及公司管理需求影响。公司对财务部门赋予不一样的定位，所对应的财务部的组织架构和岗位职责就不一样。

大部分中小卖家财务部组织架构不健全，甚至很多企业没有财务人员，老板或者老板娘负责资金收付。规模再稍微大一点的，会增加一个会计人员，其负责工资提成核算以及简单的数据整理。财务部门主要发挥了资金收付以及数据加工处理的职能，其他财务职能都没有，其中财务主要的风险规避及价值创造职能基本上是缺失的。

在跨境电商行业，我们可以根据卖家业务的复杂度以及公司管理需求来设置财务部门组织架构，同时兼顾部门工作效率、内控需求、专业化分工。财务部门的组织架构可以由资金组、税务组、经营分析组构成，各组之下再分别匹配相应的人员及岗位职责。

资金组主要统筹公司日常资金相关事宜；税务组主要负责公司整体税务筹划及税务规范性事宜；经营分析组主要满足公司日常核算需要以及为公司经营决策提供数据支持及合理化的建议。

一、贸易类卖家财务部门组织架构

贸易类卖家的财务职能和财务部门组织架构相对简单，大部分亿级及以下卖家的财务部门组织架构如图 7-1 所示。

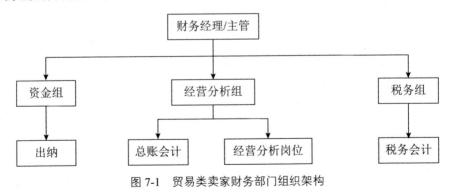

图 7-1 贸易类卖家财务部门组织架构

图 7-1 中的组织架构是相对完善的财务部门组织架构，大部分中小卖家可以结合公司业务体量及管理需求逐步搭建此财务架构。

① 税务组可以根据公司的体量来逐步建立。前期公司体量较小或者规范化

程度不高时，可以通过外包的方式来满足公司日常的纳税申报，但同时需要卖家定期去复核外部纳税申报结果，防止有重大偏差。随着公司业务量的增长、风险意识以及税务规范化程度的提高，可以配置专门的税务岗位。另外，如果卖家开展了一般贸易出口退（免）税的业务，基于出口退（免）税对单据的规范性要求高，以及出口退（免）税单据量大的特点，建议卖家设立税务会计的岗位。粗略估算，年500万元的出口报关金额，通过出口退（免）税给公司创造的收益就足以弥补税务会计人员的薪酬成本。

② 经营分析岗前期可以由财务经理 / 主管兼任。经营分析岗偏向于管理会计职责，主要为公司经营决策提供支持。有些公司经营分析岗位还承担了部分财务 BP 的职责。在公司体量不大时，经营分析岗位可以由财务主管或者财务经理兼任，当公司整体业务体量、品类、平台的复杂度增加时，可以适当地将经营分析岗单列出来。比如，年营收超过 5 亿元，可以考虑单独设立经营分析岗。

二、工贸一体化卖家财务部门组织架构

与贸易类卖家相比，工贸一体化卖家还需要关注工厂的成本核算，工厂的成本改善及供应链管理也是工贸一体化卖家经营改善的重点，基于此，建议卖家再配置一名专门的成本会计。工贸一体化卖家财务部门组织架构如图 7-2 所示。

另外，这里也给大家提供一个参考：如果是 1 ～ 3 个亿的卖家，可以配置 3 个左右财务人员，一个为出纳，一个为会计，另外一个为财务主管或经理。若税务规范程度比较高，可以再配置一个税务专员。

上文介绍了中小卖家普遍适用的财务组织架构。在实际情况中，企业每个发展阶段所适配的组织架构可能不一样，同样地，财务的组织架构也并不是一成不变的。

上述两种财务组织架构能够满足大部分中小卖家的需求，随着企业的逐步发展和管理需求的变化，财务部门的组织架构会朝更加专业化、精细化的方向演变。比如，后续有资本市场需要的卖家，基于资本市场对企业内控的要求可以增设审计内控等岗位。

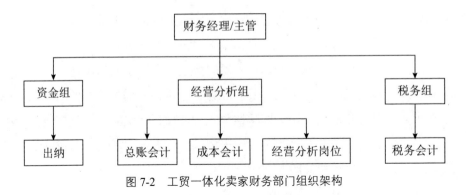

图 7-2　工贸一体化卖家财务部门组织架构

在这个架构基础上，我们联想到另外一个常见的话题：中小卖家是否需要聘用财务总监？

财务总监通常负责参与公司战略制定、整体财务战略规划以及资本市场与投资者沟通和决策等。大部分中小卖家是不需要财务总监的，我们也见过企业高薪聘请外部上市大卖的财务总监，这属于岗位高配，最后会发现这种配置与企业现阶段发展的需求并不匹配，财务总监在企业内部能发挥的作用和价值不大，最终的效果并不理想。

我们建议中小卖家不必配置专职的财务总监，财务经理或者财务主管就已经能匹配公司现阶段的需求，他们更多地专注于公司日常的财务运营管理，包括会计核算、预算控制、资金管理、风险管理等。对于短期临时的专业化财务需求，可以借助外部专业机构的力量，而且从成本上考量，这样做对大部分中小卖家来说也是一种性价比较高的方案。

第二节　明确财务人员的分工

前文提到同样是做跨境电商业务，有些公司的财务人员很忙，有些公司的财务人员却很闲。在日常具体事务中，有些公司最基本的资金收付职能都不用财务人员负责，而是由各业务团队或者老板自己负责；有些公司的财务人员会直接对接供应商；还有一些公司连内部员工的绩效方案都是由财务人员来制订的。这些现象背后反映的是不同公司财务人员的职责和分工差异巨大。那么，怎么对财务人员进行合理的分工呢？

我们可以从财务人员的定位、财务岗位设立原则以及财务各岗位职责三个方面来明确财务人员的分工。

一、财务人员的定位

相对于其他传统行业来说，跨境电商行业的财务人员整体的存在感及价值感都不强，这与整个行业的生命周期以及企业的发展阶段息息相关。

从整个跨境电商行业的生命周期来看，跨境电商行业还处于快速发展阶段，大部分卖家还是以业务为导向，以抢占市场为目标。所谓发展治百病，企业的潜在内部效率问题、财务管理等问题被掩盖在高速增长的业绩报表下，中后台的精细化管理的紧迫性不强。

从企业战略及决策的角度来观察，处于发展阶段的中小卖家将资源投入到业务端的投入产出比更大。而随着跨境电商行业的增速放缓、增量空间下降、竞争加剧，卖家会逐步开始重视企业内部的精细化管理，财务发挥的价值会逐步凸显，财务部门可以成为一个后台费用部门，也可以成为价值创造中心。

那么，财务部门的定位变化后，企业对财务人员的要求及定位也会随之变化。根据对财务人员价值贡献以及所需的能力要求可以将财务人员的定位分为以下三个层级，如图 7-3 所示。

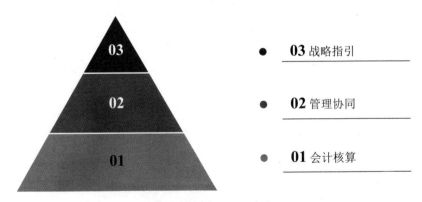

图 7-3　财务人员的定位

第一层级：会计核算

会计核算是指根据会计准则及核算标准对企业的经济业务进行记录、分类、计量、总结和报告的过程。其目标是确保企业的财务信息能够真实、准确、完整地反映企业的经营情况和财务状况，并为企业管理与经营决策提供可靠的数据支持。会计核算是企业日常经营活动中必不可少的一环，也是财务工作的基础。就现阶段跨境卖家而言，通过基础的会计职能达到做好账、报好税、为业务部门提供一些基础财务数据的目的，这个阶段需要财务人员有较强的执行力。

第二层级：管理协同

管理协同是在会计核算的基础上进一步提升财务价值，更多是为企业经营管理服务，通过管理协同支持企业日常经营决策、管控经营风险。传统意义上的财务 BP、经营分析、审计内控、财务管理等都属于管理协同职能的一部分。这不仅需要财务人员具备扎实的财务专业知识功底，还需要财务人员知运营、懂管理以及具备一定的领导能力。

第三层级：战略指引

战略指引是指财务人员通过参与公司治理，为公司的目标及战略提供方向，指引业务发展，实现公司价值最大化。常见的职能包括公司战略目标的制定、预算管理、投融资管理、重大风险评估及决策等，这需要财务人员具备全面的综合知识、管理实践经验以及财务决策能力。

财务人员的定位与行业的成熟度、企业发展阶段息息相关。现阶段，大部分卖家对财务人员的定位还停留在会计核算的层面，而随着行业逐步进入成熟稳定期以及各品类竞争加剧，同时伴随利润率的回归，卖家开始注重精细化管理，后续对跨境行业财务人员的定位会逐步向管理协同及战略指引方向转变。

二、财务岗位设立原则

财务岗位大多会涉及制单、核准、审批权限职能，但其实这些职能是不相容的。因此，基于财务岗位职能的需求以及部分职能之间的不相容性，建议企业参考以下原则设置财务相关岗位。

① 不相容的岗位相分离。比如，管钱的和管账的相分离，即出纳与会计相分离；制单岗位和审核岗位相分离。

② 不同岗位相互稽核。总账与其他岗位相互稽核，审核岗与制单岗稽核。

③ 岗位职能分工与业务导向相结合。财务岗位职责的确定应与公司业务以及价值创造相结合。比如，工贸一体的卖家可以设置专门的成本会计岗位，成本会计通过成本核算及分析可以及时清理呆滞库存，减少浪费，实现成本控制及成本改善的目标。

有不少跨境卖家询问：公司是否需要设立财务 BP 的岗位？

其实，这需要将财务岗位的设置与公司业务相结合来评估。对于现阶段大部分中小卖家，其业务复杂度并不高，老板就是最大的财务 BP，老板是最熟悉业务的，这里只需要老板补充一些必要的财务知识和财务思维，在撸起袖子干之前算清楚账，就可以满足日常经营决策的需求了。

如果卖家的规模达到一定程度，比如超过 3 个亿，由于平台、店铺、站点及品类复杂度的提升，可以考虑逐步设立专门的财务 BP 岗位。公司业务复杂度越高，公司资源的优化配置和经营改善的空间就越大，财务 BP 发挥的价值就越大。

④ 岗位设置以专业化分工为导向，专业才能创造价值。比如，资金岗位专业化，通过专人关注外汇波动情况，可以给公司额外创造结汇收益；税务岗位专业化，税务人员可以全盘统筹公司整体税负规划，从而达到优化公司整体综合税负的目标；账务处理专业化，总账可以统一各公司之间的核算规则及标准，简化合并报表的复杂度，提高基础核算效率。

由于跨境电商行业涉及的主体比较多，有些卖家，尤其是工贸一体的卖家，他们很容易犯一个错误，那就是偏向根据主体的定位来设置财务岗位，比如工厂和贸易公司都设立专门的全盘财务岗位，每个主体的财务岗位从收付款到纳税申报再到账务处理出具报表，所有的财务职能都做。

长此以往，财务职能存在重大的内控风险，没有相应岗位相稽核，数据准确性无法保障，内控风险也无法识别，最终可能呈现的结果就是财务人员对每个模块都懂一点，但对每个模块都不精通，对应财务人员能把事情做完，但不一定能把事情做好。这也是我们常说的专业化才能体现价值，通过专业化分工和业务导向相结合去设置岗位，可以给公司创造更大的价值。

三、财务各岗位职责

基于每家公司的业务体量不一样，再结合各岗位职能、专业化分工以及内部效率来设立财务岗位，在不相容的岗位相分离的原则下，可能存在一岗多职的情况。以下是我们根据大部分跨境中小卖家对财务职能的需求所设置的各岗位，其相关岗位职能如表 7-1 所示。

表 7-1 跨境卖家财务各岗位职能

财务职能	关键事项	主要职责
税务管理	年度税务规划	统筹公司年度整体税务规划；利用现行优惠政策，合理降低公司税负
	日常纳税申报	办理日常税务申报相关事务，包括日常增值税、个税、企业所得税等
	申请出口退（免）税	收集出口退（免）税相关资料，进行出口退（免）税申报，对出口退（免）税备案单证进行管理
	发票日常管理	满足公司业务日常开票需求，编制发票管理台账，及时申领发票
	税务单据归档	对发票、备案单证、纳税申报表等税务单据进行统一管理
	对外数据申报	办理报账、年检，协调处理与工商税务机关的事项等；了解外部政府补贴信息，及时申请政府补贴
	其他事项	公司日常经济事项合规性指导
资金管理	日常资金收付	根据公司流程制度，满足日常资金收付需求
	登记银行日记账	每天根据支付情况登记银行日记账
	编制资金日报表	每天统计各账户资金余额，编制资金日报表
	编制资金预算	整体统筹公司资金，编制公司资金预算，分析资金预算差异情况，及时给予改善建议
	制订理财计划	根据公司资金账户余额，制订理财计划
	制订结汇计划	关注外汇变动情况，制订结汇计划，及时结汇

财务职能	关键事项	主要职责
资金管理	资金账户管理	负责公司资金账户的开立、变更、注销，完善做好账户备案管理
	资金日清月结	每天进行资金盘点，月末编制银行余额调节表
成本管理	成本单据审核	审核入库单、出库单、调拨单等原始成本单据，保障账实一致
	编制进销存报表	根据原始单据，编制进销存报表
	进行成本核算	统筹公司成本核算，月末编制成本结转表
	成本分析及改善	每月进行成本分析，针对成本异常情况，给予改善建议
	组织存货改善会议	主导存货改善会议，防止存货积压，跟进反馈存货改善建议的实施情况
	组织仓库盘点	月度组织仓库盘点，出具盘点报告，分析盘点差异原因
费用审核	制定公司报销制度	制定公司费用报销制度并定期迭代优化
	日常费用审核	按照报销制度流程，及时审核费用报销单据，对不规范、不合理报销严格处理，控制不合理的费用支出
	日常供应商管理	编制采购付款流程并依据流程进行采购审核控制；核对往来账款，定期清理呆账、坏账，及时监控应收账款，做到账实相符
	日常费用单据管理	登记发票管理台账，及时跟催未达票据
	审核工资提成数据	针对公司工资及业务提成情况，进行合理性评估及审核
财务核算	建立核算体系	确定核算颗粒度及辅助核算维度，梳理核算规则，建立核算体系
	编制财务核算管理办法	结合公司业务特性和会计准则以及管理需求，编制财务核算管理办法
	业财一体化	评估公司业务特性，促进公司业财一体化，提升核算效率
	统筹月度结账进度	编制月度结账进度表，及时结账

财务职能	关键事项	主要职责
财务核算	日常账务处理	收集原始单据，进行账务处理，保障账务数据及时准确；编制和维护公司的总账和明细账，及时准确地记录公司业务往来
	科目余额清理及核对	每月结账之前核对科目余额表，确保账务处理的准确及完整性并及时跟踪处理科目未清事项
	财务单据管理	妥善保管会计凭证、会计账簿、会计报表及其他会计资料
报表及分析	搭建经营分析体系	搭建公司报表及分析体系，提炼公司财务模型
	出具月度经营分析报表	搭建经营报表体系，结合管理需要定期出具经营分析报表
	编制经营分析报告	根据管理需求及改善重点定期出具经营分析报告，针对经营异常情况给予改善建议
	组织经营分析会议	每月组织召开公司经营分析会议，为公司经营决策提供数据支持及合理化建议；跟进反馈经营分析会议决策事宜进度
预算管理	统筹公司年度预算	根据公司战略目标统筹年度公司预算；编制预算管理制度
	实施预算管理	实施全年预算；工作包括组织预算编制、预算评审、预算签署、预算执行与监督、预算培训等
	组织预算会议	定期召开预算检讨会议，分析预算与实际差异情况，提出解决改善建议，并跟进预算改善执行情况
内控管理	建立内控流程制度	建立内控制度，制定内部风险控制制度及监督实际操作流程
	内控测试	定期进行内控测试，编制内控报告，针对重大内控问题，提出预防措施
部门管理	制定财务制度	制定财务管理方面的规章制度和工作流程，确保有效落地执行
	搭建财务体系	负责搭建及优化财务体系

财务职能	关键事项	主要职责
部门管理	明确部门职责及分工	统筹公司财务部门，明确各岗位分工
	负责部门人员管理	负责部门的日常管理工作及部门员工的管理、监督、培训及评估，提高部门人员的综合素质，提高工作效率，增强团队凝聚力

最后，卖家可以结合企业内部对财务职能的需求、财务岗位设立原则、财务岗位职责以及企业内部具体财务人员的特性，来明确企业内部财务人员的分工。

第三节　财务人员的选拔

我们常说：老板财务学得好，不如财务伙伴找得好。大多数跨境卖家可能都是非财务出身，对财务的了解比较浅，也没有系统性的财务知识框架，让老板们花大量时间来学习财务基础知识，这也不太现实，对于企业来说，更好的方式就是找到长期合适的财务伙伴。

挑选人才对老板来说也是一项能力，选择合适的财务伙伴对企业老板来说也是一个至关重要的事项。是心腹还是心腹大患？选对了就是心腹，选错了就是心腹大患。

本节将从财务人员的选拔标准、财务人员的选拔方式以及财务人员招聘的原则三个维度来帮助跨境卖家选择合适的财务人员。

一、财务人员选拔的三个标准

企业在招聘人才时都会有个人才画像，那对应的财务人员的画像是怎么样的呢？

品德、学习能力和专业知识是选择财务人员的三大标准。品德决定财务人员能走多远，学习能力决定财务人员的发展高度，专业知识的要求相对来说没有那么高，因为专业知识可以通过后天学习来弥补。

（一）品德

财务人员需树立正确的价值观。一方面，财务人员在日常工作中长期跟资金打交道，同时肩负审核和监督职责，因此需要能够坚守原则，保持正直的品性；另一方面，财务人员会接触公司的关键经营数据和敏感经营信息，这需要财务人员有保密意识。一个正直、忠诚、保密意识高、值得信赖的财务人员尤为难得；对于企业选择长期财务合作伙伴而言，品德应作为第一考量因素。

（二）学习能力

学习能力是一个人在获取新知识、技能和经验方面的能力。对开放式问题或者非标准答案问题的处理及应对，突显财务人员的思维结构以及应用所学知识解决问题和应对挑战的能力，这才是学习能力的关键。企业内部的财务人员因工作需要，除坚持原则以外，还要有持续学习的能力。由于日常工作事项及内容会相对固化，不需要太多创新，长期以来思维会相对封闭，这也常被大家吐槽为不会变通，而且工作时间越久，越会依赖自己过去的经验，包容性和可塑性会大打折扣。但公司在不断发展的过程中，一定会遇到新的财务问题，这需要财务人员保持学习心态，持续学习，勇于面对新的挑战。

（三）专业知识

专业知识可以通过面试者以往的工作成绩以及对基础专业知识的应用体现出来。在招聘过程中，一个常见的误区是，很多企业很看重财务人员的专业证书。这反映企业内部对财务专业知识的识别和评估是不足的，需要借助外部证书的力量来评估面试者的专业能力。但在企业实际运营过程中，大部分专业证书所包含的专业知识与企业内部的实际运营操作及需求存在很大的偏差，在现阶段的中小卖家中，很多专业知识是用不上的。这也是我们日常在招聘过程中对面试者专业要求没有那么高的原因，只要面试者有一定的财税基本功就行。

二、财务人员的选拔方式

企业在面对人才需求的时候，通常存在是外部直接招聘还是内部人才培养的困惑。如果选择外部直接招聘的方式，人才选拔会比较高效，可以短期满足企业需求，但人员的价值观匹配度以及人员长期的稳定性存疑；如果选择内部人才培养选拔的方式，虽然周期长、成本高，但可以解决长期信任成本和人员稳定性的问题。

经过我们多年咨询经验总结，建议如下：核心财务岗位或者信任成本较高的岗位以内部培养为主，比如经营分析岗、审计内控岗等；专业化程度要求比较高的岗位以"外部招聘+内部培养"为主，比如税务会计、成本会计；基础岗位或者以事务性为主的岗位可以以外部招聘为主，比如核算会计、费用会计等。

另外，很多岗位会基于企业发展及管理需求变化而采取不一样的策略。比如，同样是资金岗位，对于小卖家而言，由于信任成本较高，会选择以内部培养为主；而对于大卖来说，其公司内部流程体系完善，个人操作的灵活性小，对人员的依赖程度不高，还能通过内控稽核解决大部分信任成本的问题，这时选择以外部招聘为主更为合适。

当谈到有关财务人员的外部招聘时，很多卖家普遍感觉外聘一个合适的财务管理人员太难了。那么，难在哪呢？这主要有两个方面的原因。

① 跨境电商行业这几年发展太快了，行业的财务人才缺乏足够积累。跨境电商行业本身的业务特点，使得传统行业的很多财务经验对跨境电商行业的借鉴意义不大。除此之外，随着卖家体量的逐步扩大，卖家都在考虑搭建内部财务管理体系和财务团队，导致整个行业财务人才供需不平衡。

② 跨境电商行业对财务的综合能力要求高。财务管理人员不仅要熟悉基础核算、国内外税务知识、资金管理以及外汇管理等专业财务知识，还需要了解各电商平台规则，以及物流、报关和第三方资金平台结算等综合知识，这样才能为公司创造更多的价值，这也就对财务人员的综合能力提出了更高的要求。

综合这两方面因素，使得拥有跨境电商行业背景的财务管理人员更是稀缺，大有"一票难求"的趋势。

三、财务人员招聘原则

企业在进行财务人员的招聘时，要坚持保持人才属性与岗位需求相匹配的原则，还要结合企业规模、所处阶段，明确岗位需求，寻找匹配度最高的财务人员。

针对财务人员的招聘要求，这里有几个常见的招聘误区。

找有大卖工作经验的。

找持有高级证书的。

找自己喜欢的或者沟通特别顺畅的。

找名校毕业的。

找个所谓懂得多，全面复合型人才。

找经验更丰富和专业能力更强的。

上面很多招聘的标准是参考"高配"来配置的，但"高配"是有成本的，不单纯是企业支付的人力成本，还隐藏着匹配"高配"人员的成长路径和职业通道，以及"高配"人员发挥价值所对应的内部环境建设等潜在成本。若不具备这些因素，"高配"人员的价值发挥有限，长期如此必然会影响人员的稳定性。对于企业而言，财务人员的高频流动性更不利于企业内部财务经验的沉淀和传承。

前文提到的"中小卖家聘请大卖家的财务总监"就是个很好的现实案例。一方面，财务总监很多的专业知识在中小卖家内部用不上；另一方面，中小卖家不具备大卖家的环境、内部数据基础以及内部制度流程，财务总监的很多经验在中小卖家这里不具备可操作性，一段时间下来，老板看不到财务总监的成绩，财务总监也感觉处处不顺手，相互不满意，最终双方只能"一拍两散"。

对财务人员招聘的要求究竟是怎样的？我们再来看一个卖家的案例。

一家年营收 2 个亿的卖家在招聘面试税务会计的过程中，老板觉得这个面试者什么都懂，总账也会一点，分析也懂一些，纳税申报也会操作，而且善于沟通，就欣然录用了。然而，在接下来半年的工作中，老板却发现，由于对税务会计在出口退税的单证规范方面疏于要求，最终企业有几单不能申请出口退税。另外，这名税务会计缺乏一些基础的税务规划经验，导致公司几家税务主体的税负出现了明显异常。

从客观上评价，这个财务人员懂的面广，综合能力还可以，但其实并不适合税务会计这个岗位。虽然在税务方面，这个财务人员也知晓一些，但这并不是其擅长的。对于企业来说，面试者什么都懂，对财务的各个领域都有涉猎，这也意味着企业需要花更高的成本来录用。而且不要忘了一点，知识面广的同时大概率也意味着各个模块都不精通，那对于企业针对某一细分领域需要更专业的人才来说，这显然不是最合适的。

综合而言，企业投入很高的成本，但是给企业带来的效果并不是理想的。这也是人才招聘选拔的时候，岗位需求与人才能力匹配度出现了问题。这与我们常说的一句话异曲同工：同频才是最合适的，并不是最好的就是最合适的。

最后给大家分享几个财务岗位的招聘要求，供大家参考。

税务会计岗位

岗位职责：

1. 根据公司业务情况，制定并统筹全年税务规划；

2. 负责公司日常纳税申报；熟悉一般出口退（免）税操作流程；

3. 审核公司基础税务单据，及时进行税务账务处理；

4. 按照税务规范性要求，推动业务流程优化；

5. 负责公司对外数据申报，如统计数据、政府补贴数据等；维护与外部单位的正常沟通环境；

6. 税务档案资料的归档统筹管理；

7. 领导安排的其他事项。

任职要求：

1. 本科及以上学历、财会专业背景；

2. 3～8年工作经验；有跨境电商、一般出口退（免）税、工厂经验的优先考虑；

3. 具有良好的沟通协调能力，学习意愿强，性格开朗，自我驱动力强，有责任心。

总账会计岗位

岗位职责：

1. 完善优化公司账务核算体系，制定账务核算办法与标准；

2. 审核公司基础财务单据，根据公司业务情况，及时进行账务处理；

3. 梳理优化关键财务流程；

4. 为公司经营决策提供数据支持；

5. 针对公司新开展的业务，提供财务预算支持；

6. 财务档案资料的归档统筹管理；

7. 领导安排的其他事项；

任职要求：

1. 本科及以上学历、财会专业背景；

2. 3 ～ 8 年工作经验；有跨境电商核算经验的优先考虑；

3. 具有良好的沟通协调能力，学习意愿强，性格开朗，自我驱动力强，有责任心。

第四节　财务部门的激励

与业务部门相比，财务等中后台职能部门的激励相对较少，形式也比较单一，很多公司一般等到年终的时候根据公司整体经营情况给予一定额度的奖金，这部分奖金具有一定的不确定性，同时也是偏福利化的，激励效果并不明显。

财务部门的激励方式可以参考"绩效管理＋专项奖金＋年终激励"相结合的方式，并通过保持良好的培养路径和职业成长通道等培养方式来进一步激发财务人员的积极性。

一、绩效管理

都说财务部门的绩效管理难，那对于财务部门的绩效管理，我们该如何做呢？我们先来看一个案例，如表 7-2 所示，这是一个亿级卖家财务部的绩效目标，也是很多刚开始做绩效管理的卖家常见的财务部门绩效考核表。

表 7-2　某跨境卖家财务部绩效目标

序号	考核目标	工作事项及要求	权重
1	财务管理	制定公司财务管理制度，设计财务工作程序，研究、分析并提出改进	10%
		通过流程制度建立与优化提高工作效率	
2	财务核算及分析	每天及时审批各项付款费用以及报销	30%
		及时进行账务处理，做到手续完备、数字准确、账目清楚	
		及时编制财务报表	
		及时出具财务分析报告	
3	资金管理	根据公司资金运作情况，合理调配资金，确保公司资金正常运转	25%
		按时收付款，登记银行日记账，及时关注每个账户的异常情况	
4	纳税申报	每月准时准确完成各项税务的报税工作	20%
		做好税务筹划，合理控税、合理避税	
5	内控管理	启动内控建设，对公司内部流程做出全面梳理和风险识别	10%
		牵头各中心搭建内控框架体系 V1.0	
6	财务档案管理	妥善保管会计凭证、会计账簿、会计报表及其他会计资料	5%
权重合计			100%

　　由表 7-2 可以看出，大家在制定财务部门的绩效目标时，很容易把财务部门的日常具体工作与绩效目标强关联；同时，财务部门的绩效指标普遍存在不易量化、不符合 SMART 原则 ❶ 的问题，外部很难评估绩效目标结果。针对绩效评估结果，很容易出现以下几种情况：

----

❶　SMART 原则：S=Specific 具体的、M=Measurable 可衡量的、A=Attainable 可实现的、R=Relevant 相关的、T=Time-bound 有时限的，SMART 原则为常用的管理工具，用于指导科学、合理地制订目标计划。

绩效的指标很容易达到，绩效评分经常是 90 分以上；

绩效占整体薪酬比例过低，只有 5% 左右；

绩效管理过于复杂，每月在绩效目标的设置、绩效评比打分环节花费大量时间和精力。

以上这些绩效管理的结果反映的是绩效流于形式。在绩效的目标设置和评比环节投入大量时间和精力，但从激励结果上看，绩效变成了固定薪酬的一部分或者被福利化，并没有发挥绩效真正的作用。

相对于业务部门有明确的考核指标，财务部门的绩效目标的设置确实比较难，因为其不容易量化。因此，财务部门的绩效目标的设置可以参考以下几个原则。

原则一：底线指标和常规指标相结合。

财务是公司风险把控的最后一道防线，日常很多财务岗位也需要坚守原则和按章作业，这要求财务人员在日常工作中关注公司的红线，不能触碰。所以，在绩效目标设置过程中考虑设置底线指标，防止公司出现巨大经营风险。比如，在资金管理方面，可以将付款出错率设为底线指标；在内控管理方面，可以将重大内控舞弊作为底线指标；在税务管理方面，可以将税务稽查作为底线指标。

原则二：例行指标和专项指标相结合。

财务岗位的特殊性，除了日常的周期性常规工作，还会因为公司的发展及管理需求存在一些专项事项，这就需要在设立财务绩效指标的时候兼顾例行指标和专项指标。绩效例行指标，更多是通过绩效管理提升日常工作的质量和效率；专项指标，更多是公司各阶段为匹配公司战略目标而服务的指标。比如，现阶段越来越多的跨境卖家开始重视公司合规化经营，在这个战略背景下，可以将公司合规化程度作为专项考核指标。

原则三：以客户为导向，将公司指标和部门指标相结合。

财务部门的服务对象包括公司、业务部门、部门团队，以客户为导向，方能不忘绩效考核初衷。比如，将整个公司作为财务部门的服务对象，可以设置重大风险规避指标（如税务风险次数、重大内控风险次数等）、降本增效的指标（如非人工费用率等）；将业务部门作为财务部门的服务对象，可以设置服务支持指标（如提供经营改善建议次数、费用报销及时率等）；将部门团队价值作为财务部门的服务对象，可以设置部门综合能力提升指标（如信息化改造完成率、团队稳定率等）

原则四：以价值为导向，将效益和效率指标相结合。

如果企业将效益的提升作为绩效考核的目标，可量化的指标包括资金收益率目标、净利润率目标等。资金收益率目标可以从年化 2% 提升到 2.5%，净利润率目标可以从 10% 提升至 12%。

如果以效率的提升作为绩效考核的指标，可量化的指标包括结账时效、报销审批时效等。每月结账进度以及出具报表的时间可以从 15 日提前到 12 日，报销审核的时效可以从 3 个工作日缩短到 2 个工作日。

原则五：以结果为导向，将量化指标和定性指标相结合。

关乎效益、效率以及风险指标，可以量化考核，但针对有些事件性的目标，其考核不易量化，更多以目标事件结果为导向，偏定性考核为主。比如，建立内控流程制度，以事情的完成结果作为考核指标，这个目标设置还可以进一步细化，如内控制度涉及哪些具体方面，可以根据这些具体内容再细化考核目标。

综上所述，我们根据跨境电商行业特性整理了常见的财务岗位绩效考核指标，供大家参考，如表 7-3 所示。

表 7-3　跨境电商行业常见的财务岗位绩效考核指标

岗位	关键指标	考核标准
税务管理	税务风险出现次数	0 次
	纳税申报及时性	不逾期
	税务规范程度	费用类对公支付比例达 90%
总账及分析岗位	非人工费用率	5%
	账务的及时性	15 号
	日常付款单审单时效	3 天
	分析建议被采纳次数	4 次 / 年

续表

岗位	关键指标	考核标准
成本会计	产品成本率	18%
	呆滞存货	50 万元
资金管理	账户异常冻结次数	0 次
	付款出错率	0 次
	资金收益	2.5%/ 年

二、专项奖金

专项奖金也是对公司绩效激励制度的补充。针对对公司有重大意义的、实现公司 0 到 1 的突破，或给公司带来重大积极影响的情况，可以单独设立专项奖金，予以激励。

例如，财务部实现了首单出口退税，公司可以考虑给予一定数额的专项突破奖，同时出口退税涉及多个跨部门之间的协同，由主要负责人再按照各参与者实际贡献进行奖金分配。

另外一个常见的激励场景则是针对公司收到的政府补贴所设置的专项奖。根据跨境上市"大卖"公布的年报，每年跨境"大卖"都能够获得几千万元的政府补贴，但现实情况中，大部分卖家基本上没有获得过大额的政府补贴。一方面，这跟卖家的体量及合规程度有关；另一方面，大部分卖家公司内部确实缺乏申请政府补贴这方面的人才，以及缺乏对政府补贴政策的关注。如果公司财务团队帮助公司实现大额政府补贴申请，可以给予一定的专项奖金。通过专项奖金的激励，督促大家关注行业动态以及公司可以享受的补贴政策，最终给公司创造额外收益。

专项奖金制度不仅适用于财务部门，其他部门同样适用。比如，在亚马逊会员日，为了快速提高运营团队的积极性，可以单独设立日销目标奖，一旦完成目标，就可以获得一笔额外的奖金，这个奖金与正常的提成、绩效也不冲突。

需要注意的是，专项奖金是短期激励行为，应该避免专项奖金长期福利化，那样就失去了专项奖金的意义。

三、年终激励

财务人员薪酬结构中变动的部分偏少，所以大部分财务人员对公司年终奖金都有所期待。企业如果能够充分利用好年终奖的预期管理，也能实现不错的激励效果。

跨境电商行业的职能部门的年终奖金金额，平均为 2 个月薪资；年终奖金系数可以结合公司目标完成率、部门目标完成率以及个人绩效综合考量。其中，公司目标完成率所占的权重比例会偏高。

需要注意的是，关于年终奖，需要事前设计明确的激励方案和目标，防止变成事后福利化。同时，可以通过年终激励方案，让财务部门日常也关注公司整体经营目标，以便更好地为公司目标服务。

四、成长培养

财务管理是一门需要终身学习的学科，其专业化程度高、对传统经验的依赖程度高，再加上财会行业完整的评级体系，导致财务人员对自我成长有较高的期待。随着公司对财务职能的定位的提升，公司对财务人员的综合能力的要求也会越来越高。因此，企业在财务人员的激励方面可以适当增加对财务人员的长期培养，保持财务人员的成长通道。对于企业来说，这部分投入不高，但是激励效果明显，容易在行业内形成一种比较优势。

此外，财务人员常见的培养路径有专业学习、外部培训以及内部经验传承等方式。

1. 专业学习

公司可以通过营造学习氛围和环境，鼓励财务人员通过职业教育、行业交流以及内部分享等方式进行专业知识学习。我国财税类的政策法规更新变化速度快，财务人员必须及时更新、补充专业知识，以满足公司持续发展对财务专业技能的需求。

2. 外部培训

由于财务人员的自我学习渠道和资源相对有限，加上受制于财务人员以往历史从业经验，其接触面可能比较有限。那么，公司可以创造有利的外部培训条件，财务人员通过参加适当的外部培训，可以快速有针对性地补充所需专业知识。通过外部培训，财务人员不仅能学习财务专业知识，还能对行业背景知识进行有效补充。

3. 内部经验传承

财务内部经验传承可以从建立岗位 SOP❶ 着手，定期对不同岗位的操作经验和注意事项进行归纳和总结，逐步通过制度化的方式形成经验沉淀，防止人员的正常流动导致企业内部经验的断层。

以上就是常见的针对财务人员的激励方式，卖家可以根据企业内部的实际情况综合选择评估，最终制定适合自己企业的激励方式，激发财务人员的积极性，充分发挥财务人员的价值。

---

❶ SOP：SOP 的全称是 Standard Operating Procedure（标准作业程序），就是将某一事件的标准操作步骤和要求以统一的格式描述出来，用来指导和规范日常的工作。

重 新 定 义 思 想 之 美